Schwester Benedikta

LICHT AUF MEINEM PFAD

Meinen Kindern gewidmet

Schwester Benedikta

LICHT AUF MEINEM PFAD

Autobiografie einer Einsiedlerin

Mitautorin Esther Hürlimann

orell füssli Verlag

© 2015 Orell Füssli Verlag AG, Zürich
www.ofv.ch
Alle Rechte vorbehalten

Umschlaggestaltung: Hauptmann & Kompanie Werbeagentur, Zürich
Lektorat: Thomas Reichert
Druck: CPI books GmbH, Leck

ISBN 978-3-280-05589-2

Bibliografische Information der Deutschen Nationalbibliothek: Die Deutsche Nationalbibliothek verzeichnet diese Publikation in der Deutschen Nationalbibliografie; detaillierte bibliografische Daten sind im Internet über http://dnb.d-nb.de abrufbar.

MIX
Papier aus verantwortungsvollen Quellen
FSC® C083411

Inhaltsverzeichnis

Worte zum Anfang

Über vier Jahrzehnte lang war mein Leben ein finsteres Tal. Im Alltag funktionierte ich, so gut es ging. Ich versuchte, mir einen Halt zu geben, indem ich den von mir erwarteten Rollen entsprach: als Tochter, Schülerin und später als Ehefrau und Mutter. Doch im Innersten war ich getrieben von der Sehnsucht nach einem unversehrten Leben, das die Wunden meiner Geburt und meiner Kindheit heilen würde. Suchend nach einem Ort, wo der Schmerz gelindert wird und ich endlich Ruhe finden kann.

Dieser Weg war lang, mühsam, schwierig. Ausweglose Sackgassen, Depression, Momente in Angst vor dem Wahnsinn begleiteten mein Leben. Immer wieder waren da auch Lichtblicke: wertvolle Begegnungen und Beziehungen mit Menschen, Erlebnisse, die mir eine neue Dimension aufzeigten und Hoffnung schenkten.

Und mit zunehmendem Bewusstsein: das Getragensein von Gott, die Ausrichtung auf sein Licht und seine Liebe. Unverkennbar die täglichen Zeichen, die mir seinen Weg wiesen. Immer stärker der unglaubliche, ja verrückte Gedanke: mein Leben vollumfänglich auf das Gebet auszurichten und meine weltlichen Aufgaben ganz niederzulegen. Aber wie soll das gehen? Als Ehefrau, Mutter und Mensch, der sich der Gesellschaft verpflichtet fühlt?

Es war ein schmerzhafter Häutungsprozess, bis ich erkannte, dass es keinen Weg zurück gibt. »Mein Herr und mein Gott, nimm alles von mir, was mich hindert zu dir.« Dieser Gebetsvers des Innerschweizer Mystikers und Einsiedlers Bruder Klaus, den ich als 13-Jährige zum ersten Mal las, wurde das Mantra in meinem Leben. Von ihm ging die Kraft aus, mich von Liebgewonnenem zu trennen, um mein Leben ganz auf meine Beziehung zu Gott richten zu können.

Ich habe für den Rückzug in die Stille den Lebensmittelpunkt von meiner Familie hin zu Gott verschoben. Die Dankbarkeit insbesondere meinem Mann und meinen Kindern gegenüber ist groß, dass sie mich mit Schmerz, aber ohne Groll gehen ließen und mich auf meinem Weg bis heute unterstützen.

Nun bin ich dort angekommen, wo ich hingehöre. Im bescheidenen Leben als Eremitin, in der Einsamkeit mit Gott. Als hätten zwei Wege zusammengefunden: »Mein Herr und mein Gott, gib alles mir, was mich fördert zu dir«, lautet der zweite Vers aus dem Gebet von Bruder Klaus. Das Zerriebenwerden zwischen zwei Welten hat ein Ende genommen.

Als Eremitin habe ich meine Lebensform gefunden. In der Einsiedelei der Verenaschlucht hat ein neues Leben in Einklang mit mir selber begonnen, von dem ich noch nicht weiß, wohin es mich führen wird.

I. MEIN WEG IN DIE EINSAMKEIT MIT GOTT

———

Montagskind

Jeremia 1,5: »Ich kannte dich, ehe denn ich dich im Mutterleibe bereitete, und sonderte dich aus, ehe denn du von der Mutter geboren wurdest.«

Viel später wird mir erzählt, dass die Wehen am Sonntag, dem 16. Juni 1963, eingesetzt haben. Meine Mutter wurde von ihrem Bruder ins Frauenspital begleitet. Im Kreissaal befanden sich gerade mehrere Frauen in unterschiedlichen Stadien der Geburt. Kurz nach Mitternacht wurde ich um 00.40 Uhr geboren. Kein Sonntagskind.

Drei Tage später erscheint mein Vormund – von Amts wegen aufgeboten. Meine Mutter sieht sich der Mutterrolle, die auf sie zukommt, nicht gewachsen und hat während der Schwangerschaft versucht, sich umzubringen. Die Angst zu versagen ist zu groß. Auch fehlt ihr die Unterstützung einer verlässlichen Beziehung oder eines liebenden Elternhauses. Schon vor meiner Geburt schalten sich daher die Behörden ein, um zu verhindern, dass ich in einer schwierigen Familiensituation aufwachse. Als meine Mutter die Papiere zur Adoptionsfreigabe unterschreiben soll, bekommt sie einen hysterischen Anfall und schreit den Amtsvormund an, er solle sich »vom Acker machen«. Meinem leiblichen Vater wird nicht gewährt, mich zu sehen.

So komme ich wenige Tage nach meiner Geburt in ein Säuglingsheim, wo mich meine Mutter besuchen darf. Sie lässt mich in der Kirche im Namen Gottes auf den Namen »Franziska« taufen. Später erzählt sie mir, dass sie nach ihrem Suizidversuch in der psychiatrischen Klinik von einer Schwester Franziska gepflegt und betreut worden sei; diese Frau sei so gut zu ihr gewesen, dass sie ihr versprochen habe: »Wenn es eine Tochter gibt, werde ich sie nach Ihnen nennen.« Ich trage daher den Namen einer Frau, die gut zu meiner leiblichen Mutter war, mit Stolz und Freude.

Nach einem Jahr komme ich als Pflegekind in eine Familie, die mich auch adoptieren wird. Plötzlich bin ich in einer mir völlig fremden Umgebung und schreie mir vor Angst die Seele aus dem Leib. Ich lasse mich weder trösten noch ablenken, bis mein neuer Vater die Idee hat, dass sich meine neue Mutter weiß kleiden soll, da ich doch an weiß gewandete Säuglingsschwestern gewöhnt sei. Tatsächlich soll das geholfen haben und es heißt, ich hätte mich beruhigt! So geschehen am Ostermontag 1964.

Auf einen Schlag habe ich einen Vater und eine Mutter erhalten – und einen großen Bruder. Ob sich meine neue Familie gefreut hat, als sie mich im Säuglingsheim abholte? Sie haben sich eine Tochter gewünscht – voilà!

Meine neue Familie

Meine Erinnerungen setzen mit einer Begebenheit ein, die sich schmerzhaft und tief in meine kindliche Seele eingebrannt hat: Ich bin mittlerweile vier Jahre alt und habe mich offenbar gut in die neue Familie eingelebt – von der ich damals noch längst nicht weiß, dass sie meine Adoptivfamilie ist.

Ganz klein noch, sei ich fast unnatürlich brav gewesen. Doch immer mehr entfaltet sich auch das lebensfrohe, etwas freche und aufmüpfige Mädchen. Insbesondere meine Mutter tut sich schwer mit meinem lebendigen Naturell. Mit ihrer strengen Lebens- und Denkweise lässt sich mein Übermut nur schwer vereinbaren. Jedenfalls nehme ich ihre Ermahnungen und Drohungen nicht wirklich ernst. Ich lebe im kindlichen Glauben, bedingungslos geliebt und angenommen zu sein.

Als ich wieder einmal dem Bild vom artigen Mädchen nicht entsprochen habe, droht sie mir, dass mir in diesem Jahr der Sankt Nikolaus keine Mandarinen, Nüsse und Süßigkeiten bringen werde, sondern eine Rute. Diese Schauervorstellung nehme ich jedoch wieder nicht sonderlich ernst. Der Sankt-Nikolaus-Tag kommt, ich renne frühmorgens in freudiger Erwartung zur Tür: Was er wohl in meinen Stiefel gesteckt hat? Wie groß ist das Entsetzen, als ich statt der mit Leckereien gefüllten Stiefel eine Rute vorfinde: unheimlich und hässlich. Eine Welt bricht zusammen. Die Schamröte steigt mir glühend ins Gesicht. Ich kicke das grässliche Ding mit meinen Füßen ins Treppenhaus, renne in die Wohnung zurück und verstecke mich unter meinem Bett.

Doch das Drama ist noch nicht zu Ende: Die Mutter zwingt mich mit einem triumphierenden Lächeln, die Rute in die Wohnung zu holen. Ich fühle mich zutiefst gedemütigt und verliere den Glauben, dass ich geliebt und angenommen bin. Das kleine Herz ist gebrochen, die Seele erschüttert. Von da an gebe ich mich fügsam, ich fühle mich eingeschüchtert und will um jeden Preis brav sein. Die Rute wird nun als Druckmittel in der Erziehung verwendet: Es genügt, wenn meine Eltern auf den Schrank zeigen, in dem dieses hässliche Ding liegt.

Rigide und lieblose Erziehungsmethoden prägen zunehmend meine Kindheit. Schläge und Hiebe – oder deren Androhung – sind damals bestimmt nicht nur in unserer Familie noch gang und gäbe. Insbesondere im bäuerlich-ländlichen Milieu, aus dem meine Adoptiveltern stammen, ist die Überzeugung vorherrschend, nur wer spurt und gehorsam sei, bringe es im Leben zu etwas. Dieses Prinzip gilt ganz speziell für Mädchen, bei deren Entwicklung es nicht darum gehen soll, sich selbst zu entfalten. Sie sollen tüchtige Hausfrauen und Mütter sein: fleißig, brav und angepasst. Insofern mögen meine Eltern auch von guten Absichten geleitet sein, wenn sie mich mit Härte und Strenge behandeln. Doch spüre ich schon früh, dass es ihnen bei ihren Erziehungsmethoden nicht nur um mein Verhalten geht. Ich nehme eine Distanz wahr, eine Kälte, ja Gleichgültigkeit. Vielleicht bin ich nicht das Mädchen, das sie sich gewünscht haben, und werde dafür bestraft? Vielleicht bereuen meine Eltern die Entscheidung, mich in ihre Familie aufgenommen zu haben? Vielleicht sind sie einfach enttäuscht darüber, dass ich sie nicht über die Wunden ihrer eigenen Kindheit hinwegtröste, die vielleicht auch keine glückliche war?

Das Bestreben meiner Eltern, Misserfolg mit übertriebener Anpassung und Korrektheit zu kompensieren, zieht sich wie ein roter Faden durch meine Kindheit. Die Angst vor gesellschaftlicher Ächtung und dass sie damit überfordert sind, die eigene Lebensgeschichte zu akzeptieren, ist insbesondere im Verhalten meiner Mutter mir gegenüber immer wieder spürbar.

Die Beziehung zu meinem Bruder ist auch eher distanziert. Er ist bereits zehn Jahre alt, als ich als einjähriges Mädchen zur Familie komme. Es gibt nur wenige Berührungspunkte. Zum gemeinsamen Spielen ist der Altersunterschied zu groß. Dass er als angehender Teenager die erste Zeit mit seiner kleinen Schwester im gleichen Zimmer schlafen muss, ist mit Sicherheit keine ideale Vorbedingung, um eine entspannte Beziehung zu entwickeln. Auch kann ich ganz schön fies sein. So klaue ich ihm den Füllfederhalter, den er für seine Schularbeiten benötigt, und wenn er ihn sich zurückholen will, schreie ich Zeter und Mordio. Die Mutter kommt sofort angerannt und er bekommt ungerechterweise Schelte! Sorry, großer Bruder!

Glückliche Familienmomente gibt es schon, wenn auch eher selten. Insbesondere mein Vater lässt mich spüren, dass er sich für mich interessiert und gerne etwas mit mir zusammen unternimmt. Daher gehören die Samstage, wenn er zu Hause ist, zum Schönsten in meiner ganzen Kindheit. Einmal, es ist tiefster Winter mit viel Schnee, bauen wir zusammen einen riesengroßen und wunderschönen Schneemann. Das macht Spaß! Einmal zeichnet er für mich an Ostern mit farbigen Kugelschreibern eine Osterhasenfabrik: geschäftige Langohren, die auf dem Förderband bunte Eier fabrizieren und deren Körbe, die sie auf dem Rücken tragen, sich pausenlos mit Ostereiern füllen. Ist das lustig!

Als glücklich erlebe ich die Momente auf Papas Schoß am Bürotisch vor der Schreibmaschine, wo wir Tastenkombinationen erfinden, die ein Bild ergeben. So hauen wir mit unseren Fingern beispielsweise endlos große Armeen in die Tasten. Und wenn mein Vater ganz besonders gut gelaunt ist, holt er seine

Ziehharmonika hervor und fordert mich auf, eine Melodie auf meiner Blockflöte zu spielen, wozu er mich begleitet. Wir spielen das ganze Schweizer Liedgut rauf und runter: S'Ramseiers wei go grase, Es Burebüebli, Lustig ist das Zigeunerleben … Wir spielen beide in der von uns eingeübten Tonart – die reinste Katzenmusik! Aber es geht uns ja nicht darum, einen Preis zu gewinnen! Mein Vater nimmt unser »Musizieren« sogar auf seinem großen Tonband auf, sodass wir beim Abhören gleich nochmals Spaß haben!

Papa geht auch gern mit mir in den Plattenladen, wo ich mir dann eine Märchenplatte aussuchen darf. Vom Eintauchen in Fantasiewelten kann ich nicht satt werden! Wie sehr liebe ich es, stundenlang vor dem Grammophon zu sitzen und mir diese wundersamen Geschichten anzuhören! Auch bin ich fasziniert davon, wie mich Menschen allein mit ihrer Stimme in eine andere Welt versetzen können!

Ja, es gibt auch diese schönen und geheimnisvollen Momente in meinen Kindertagen, auf die ich heute mit Dankbarkeit zurückblicke.

Erste Begegnung mit der Religion

Wie andere reformierte Kinder in unserem Viertel besuche ich mit fünf Jahren das erste Mal die kirchliche Sonntagsschule. Was mich da wohl erwartet? Die Diakonissen, die den Unterricht erteilen, sind mir auf Anhieb sympathisch. Sie erzählen vom Heiland und davon, dass er uns Kinder ganz besonders liebt. Ich bin zutiefst berührt von den biblischen Geschichten, die mir über ihn erzählt werden, und öffne ihm mein Kinderherz ganz weit. In der Begegnung mit den Diakonissen sehe ich auch eine Gegenwelt zu meinem Elternhaus: Die Liebe, die sie ausstrahlen, die Ruhe, die ihr Leben erfüllt, erlebe ich wie Balsam. Ihr einfaches Leben übt eine starke Anziehungskraft auf mich aus. Besonders fasziniert bin ich von ihrer Nähe zu Jesus.

Am ersten Unterrichtstag bekommt jedes Kind ein Bildchen mit einem Bibelzitat geschenkt. Auf meinem ist ein Hirte abgebildet, der ein Schaf trägt, und darunter steht Psalm 23: »Der Herr ist mein Hirte«. So mache ich zum ersten Mal in meinem Leben Bekanntschaft mit dem guten Hirten.

Von meinem großen Bruder »erbe« ich eine Kinderbibel, die von Schnorr von Carolsfeld illustriert ist. Seine Illustrationen beeindrucken mich. Die darin abgebildete Fürsorglichkeit des Heilands spricht mich an. Auch bestürme ich meine Sonntagsschullehrerin, dass sie mir ein Liederbuch bestellt, damit ich die heiß geliebten Lieder auch zu Hause singen kann. Es ist mein jahrelanger Schatz: das kleine rote Büchlein mit dem goldenen Kreuz vorne drauf. Ich singe daraus, so oft es geht. Meine Mutter muss mehr als einmal abends ins Zimmer kommen, mir das Büchlein aus der Hand nehmen und sagen: »So, jetzt wird geschlafen!« Daraufhin singe ich nur noch leise, damit mich niemand hört.

Erlernen von Disziplin und Gehorsam

Ich besuche in der Stadt Bern den Kindergarten. Wie zu Hause finde ich auch dort eine Atmosphäre vor, die mich erdrückt und meinem Wesen in keiner Weise gerecht wird. »Individuelle Förderung« und »Schülerpartizipation« sind für die Mehrheit der

Pädagogen noch Fremdworte. »Disziplin und Gehorsam« lautet bereits im vorschulischen Unterricht die Devise. Und was ich als besonders schlimm empfinde: Bereits Fünfjährige werden vor ihren kleinen Kameraden an den Pranger gestellt, sodass sie als schlechtes Beispiel dastehen.

So lässt uns die Kindergärtnerin, nachdem wir uns im Morgenkreis versammelt haben, zur Strafe aufstehen, wenn wir unartig sind oder zu wenige Zeichnungen vorzuweisen haben. Bei mir ist das oft der Fall, da meine Freude am Singen, Basteln und Zeichnen von kritischen Kommentaren meiner Mutter getrübt wird. Wenn Besuch kommt, erzählt sie belustigt, wie schrecklich ich singe. So bin ich schon früh davon überzeugt, dass ich musisch unbegabt bin und alles, was mit Malen und Musik zu tun hat, besser bleiben lasse.

Singen und Zeichnen werden zu einer Art Geheimbeschäftigung, denn trotz Tadel und Beleidigungen sind diese kreativen Formen des Ausdrucks für mich ein tiefes Bedürfnis. So entstehen Miniaturzeichnungen von Frauen und Engeln oder Gesänge mit eigenen Melodien. Viele Jahre später werden mir professionelle Musiker und Künstler sagen, dass sich hier eine Begabung zeigt.

Zu erfahren, dass ich in einem Bereich talentiert bin, in dem ich mich von Kindheit an für völlig unbegabt hielt, ist wie ein Schock. Bei der ersten Lektion Gesangsunterricht überkommen mich starke Gefühle, und die Tränen fließen mir nur so runter. Mit dem Singen kommt alles hoch, was verkümmert ist und sich nicht entfalten konnte. Und meine neue Gesangslehrerin erklärt mir mit viel Geduld und Einfühlsamkeit: Dein Körper ist ein

Resonanzraum. Zuerst muss alles »ausgeräumt« und »rausgesungen« werden.

Wenn heute Menschen weinen, während ich Psalmen singe, denke ich auch oft an meine eigene Geschichte zurück und an Menschen mit einem ähnlichen Schicksal. Auch die Freude, die ich mit meinen selbst gemalten Engelskarten vielen bereiten kann, erfüllt mich mit Dankbarkeit darüber, dass ich doch noch zu diesen Formen des Ausdrucks finden durfte. Ganz im Gegensatz zu vielen anderen Menschen, deren Begabungen für immer im Keim erstickt werden.

Schulzeit auf dem Lande

Die Schule! Endlich schreiben und richtig lesen lernen! Fräulein Josy ist eine junge Lehrerin. Bald heiratet sie, und aus Fräulein Josy wird Frau Jost. Einmal besucht uns in einer Nachmittagsstunde die Mutter eines Mitschülers mit einem zahmen Eichhörnchen. Es springt auf ihr herum wie auf einem Baum und windet sich blitzschnell durch ihre goldenen, großen Ohrringe; wie putzig das ausschaut! Natürlich wollen alle Kinder am liebsten auch gleich ein solch niedliches Tierchen zu Hause haben.

Das gefällt mir besser als die Rechenstunden! Lesen und Schreiben machen mir großen Spaß, aber Mathematik, nein, das liegt mir wirklich nicht. Einmal betritt der Mathelehrer das Klassenzimmer, und anstatt uns zu begrüßen, eröffnet er den Unterricht mit folgenden Worten: »Heute sollt ihr ein Lied singen!« Wir starren ihn verständnislos an, bis er antwortet: »Franziska hat in ihrer Matheprüfung eine 6 geschrieben!« (In der Schweiz steht, anders als etwa in Deutschland, die 6 für »sehr gut«, die 1 ist die schlechteste Note.) Ich glaubte mich verhört zu haben: einfach unglaublich! Dieser »Abstecher« in die Kategorie der Höchstnote bleibt in diesem Fach jedoch ein einmaliges Erlebnis.

Der Wohnblock, in dem wir in Bern leben, steht in einem menschenfreundlich gestalteten Stadtviertel mit Bäumen und einer großen Wiese, auf der wir Kinder uns austoben können und uns zu allerlei Spielen treffen. Als wir später aufs Land in ein Einfamilienhaus umziehen, fehlen mir die Kinder und die Spiele in der Gruppe sehr. Ich fühle mich einsam und isoliert. Schon früh lassen mich meine Eltern oft allein zu Hause, im Haus, das am Dorfrand steht.

Dafür gehören bald Tiere zu unserer Familie, was mich in meiner Einsamkeit etwas tröstet. Dazu zählt eines Tages auch eine Cocker-Spaniel-Hündin, die uns mehrfach mit kleinen Welpen beglückt – ist das ein Erlebnis! Stundenlang schaue ich zu, wie die kleinen Hündchen ungelenk übereinanderpurzeln, um bei der Mutter eine Zitze zu finden. Wie faszinierend, zu sehen, dass sich aus unserem verspielten und übermütigen Spaniel eine treusorgende Hundemutter entwickelt! Tiere werden in meinem Leben auch in Zukunft immer wieder eine Rolle spielen.

Eine Besonderheit gegenüber dem Leben in der Stadt ist auch, dass ich nun an einer Gesamtschule unterrichtet werde. Mehrere Schulstufen befinden sich in einem Raum. Ich lerne einen komplett anderen Unterrichtsstil kennen, der mir gefällt. Die Schülerinnen und Schüler helfen einander, man »pickt« bereits etwas vom Schulstoff der höheren Stufen »auf«. Die Jüngeren lernen von den Größeren, die Älteren zeigen Fürsorglichkeit,

Hilfsbereitschaft und Mitverantwortung für die Kleineren. Die Schule wird für mich immer mehr zu einem Ort, an dem ich mich meist wohler fühle als zu Hause. Der weite Schulweg ist allerdings anstrengend und der wachsende Leistungsdruck fordert mich mit jedem Schuljahr mehr heraus.

Ich spüre vonseiten der Lehrerinnen und Lehrer auch eine gewisse Erwartungshaltung mir gegenüber, was mit der Rolle meines Vaters im Dorf zu tun hat. Er hat ein hohes politisches Amt inne, nimmt aktiv am Vereinsleben teil und ist eine »Respektsperson«. In dieser Hinsicht bin ich stolz auf ihn. Sein Verantwortungsbewusstsein gegenüber dem Gemeinwesen empfinde ich schon als Kind als vorbildlich. Wenn Menschen über ihn reden, ist das in der Regel positiv: Er ist allseits beliebt, sein Humor legendär.

Bürgerliche Werte in Kleidung und Benehmen

Besonders gern mag ich es, wenn die christlichen Feiertage als Thema in den Schulunterricht aufgenommen werden – sei es während der Advents- und Weihnachtszeit oder auch an Ostern, wenn uns die entsprechenden Begebenheiten aus der Bibel vorgelesen werden, wir Lieder singen und dazu in schöner Atmosphäre basteln und zeichnen. Offenbar fällt meine Begeisterung auch meiner Lehrerin auf, die unseren Gesang jeweils mit der Geige begleitet. Sie sagt mir eines Tages: »Ich habe gesehen, wie deine Augen während des Singens hell geglänzt haben.« Ich liebe diese Lehrerin inniglich, da sie mein Hingezogensein zu Religion und Mystik ernst nimmt und wohl auch teilt. Im Gegensatz zu anderen macht sie sich auch nie darüber lustig.

Großartig für mich als Kind ist die jährlich stattfindende Schulweihnachtsfeier: Da wird in der vollbesetzten Dorfkirche die Weihnachtsgeschichte aufgeführt. Meistens gehöre ich zur Engelschar und darf im weißen Kleidchen mit Lametta im Haar auftreten. Einmal verleihe ich in einer modernen Interpretation der Weihnachtsgeschichte der »bösen Wirtin« Gestalt. Eine Figur, die mich fasziniert. Die Rolle der Maria, von den Mädchen natürlich am meisten begehrt, durfte ich aber nie spielen. Die Aufführungen der Weihnachtsgeschichte sind meine ersten Begegnungen mit dem Theaterspielen, das mich später noch stark beschäftigen wird.

Ein anderes Ereignis von besonderer Art ist das Schulexamen. Schon Wochen vorher wird das zunehmend wichtige Thema diskutiert: Welche Kleider werden wir anziehen? Ob es wohl schon warm genug ist, um Kniestrümpfe zu tragen? Oder müssen wir uns noch immer die verhassten Strumpfhosen überziehen, die uns kratzen und kneifen? Bei mir ist der Spielraum, was ich anziehen darf, noch lange Zeit sehr klein. Meine Mutter kontrolliert, dass ich immer »anständig« gekleidet bin. Noch bis zum Schulende in meinem 16. Lebensjahr legt sie mir jeden Morgen die Kleider zum Anziehen bereit. Es ist ein selbst für damalige Verhältnisse konservativer Kleidungsstil, den sie für mich vorsieht. Wie ich das gehasst habe!

Alles, was weibliche Formen zum Ausdruck bringt oder zu auffallend ist, lehnt sie kategorisch ab. Auch Schmuck hat diskret zu sein. Erst viel später erahne ich den Hintergrund für das Bestreben meiner Mutter, mich möglichst unscheinbar zu kleiden: Sie fürchtet, dass ich meiner leiblichen Mutter ähnlich

werden könnte, die offenbar zu auffallend und sexy auf sie ge-
wirkt hat.

Vorzeitiges »Ende« der Kindheit? Wer bin ich?

Ich bin zehn Jahre alt, als mein Vater mich an einem Sonntagmorgen in sein Büro ruft. Ob ich wohl etwas ausgefressen habe?,
denke ich und trete ein. Er sitzt an seinem Schreibtisch, und ich
lehne mich an die Tischkante, um ihm zuzuhören.

Was jetzt auf mich zukommt, ist der Schock meines Lebens!
Schon immer habe ich mich darüber gewundert, weshalb ich
braune Augen habe, alle anderen in der Familie aber blaue. Jetzt
erfahre ich den Grund: Mein Vater erzählt mir, dass ich adoptiert sei, dass »man das Würmchen aus dem Heim geholt habe«,
dass »man sich das Kind angeschaut und dann entschieden habe,
es zu wollen«. Er redet vom »Kind«. Nicht: »Wir haben dich
gewollt und abgeholt«, »du hast uns gefallen«, nein: »das Kind«.

Diese Worte schneiden tief in mich hinein, ich denke: »Nun
muss ich ewig dankbar sein, weil sie mich hässlichen Wurm aufgenommen haben, denn niemand hat mich gewollt.« Ich bekomme einen Weinkrampf, kann nicht aufhören zu schluchzen;
der Vater schickt mich hinaus, alles ist gesagt. Ich renne an
meinem Bruder vorbei, der im Wohnzimmer in einer Zeitschrift
blättert und mich beiläufig fragt: »So, weißt du nun, dass wir
›Halbbrüder‹ sind?« Ich kann nicht antworten und flüchte zur
Mutter in die Küche. Sie kocht. Ich stehe heulend hinter ihr, sie
dreht sich kurz um, sieht mich und fährt mit Kochen fort, als ob
nichts wäre. Ich setze mich mit hochrotem, verheultem Gesicht
an den Küchentisch; es fühlt sich kalt an in meinem Innern –

verwundet, zerstört. Mein »Familienbild« ist mit einem Mal ins Wanken geraten, und niemand ist da, der mich auffängt, keiner, der mit mir spricht. Wir gehen ohne ein weiteres Wort zur Tagesordnung über – der Sonntagsbraten wartet.

Erste Begegnung mit Bruder Klaus

In meiner Einsamkeit übt die Religion eine zunehmend starke Wirkung auf mich aus. Dies verdanke ich verschiedenen Menschen, wozu insbesondere zwei intelligente und weise Frauen gehören, die mit ihren Familien in unserem Dorf leben. Ich lerne sie über den kirchlichen Religionsunterricht kennen, der von Freiwilligen – damals in erster Linie Frauen – am Sonntagmorgen den Kindern während des Gottesdienstes erteilt wird.

Die eine Frau, der ich viel Zuwendung verdanke, ist die Mutter zweier Freunde aus der kirchlichen Jugendgruppe, in der ich mich als Teenager engagiere. Sie ist für mich ein Vorbild in ihrer Herzlichkeit und Höflichkeit und in der Eleganz, wie sie sich kleidet.

Die andere, Martha, ist bereits etwas älter und hat Enkelkinder. Gerne besuche ich sie, um mit den Kindern zu spielen und mit ihr zu reden. Sie spürt genau, wo bei den Menschen der Schuh drückt, drängt sich aber nicht auf. In ihrer Nähe fühle ich mich wohl, denn in ihrem Reden erkenne ich eine wohltuende Tiefe und Weisheit. Sie lehrt mich, der Schwere auch mit Humor zu begegnen. Wenn sie mir von sich selbst und ihrem Leben erzählt, erlebe ich dies als kostbares Geschenk. Ich erfahre erstmals, wie wertvoll und lehrreich es sein kann, wenn jemand aus seinem Leben erzählt. Dies empfinde ich bis heute so.

Immer wieder macht Martha mir auch kleine Geschenke. Einmal übergibt sie mir einen schwarzen Stein, den sie bei der Kartoffelernte gefunden hat. Und als ich etwa 13 Jahre alt bin, schenkt sie mir eine Biografie über Bruder Klaus, den Schweizer Einsiedler und Mystiker. Wie sie darauf gekommen ist, mir ausgerechnet dieses Buch, das eigentlich für Erwachsene bestimmt ist, zu schenken, werde ich wohl nie erfahren. Als ich das Buch zu Ende gelesen habe, denke ich tief ergriffen und sehnsuchtsvoll: Dass Gott durch mein Leben so handelt, wünsche ich mir auch! Dass Gott das Leben, die Hingabe und Gebete eines Menschen so sehr beantwortet, hat mich bis in mein tiefstes Inneres bewegt.

Nach dieser Lektüre werde ich krank und liege drei Wochen lang mit Fieber im Bett. Es ist, als wäre plötzlich etwas aufgebrochen in meinem Leben. Erstmals spüre ich in ihm eine Ahnung des Göttlichen.

Angst, Verzweiflung und Selbsthass

Psalm 23,4: »Muss ich auch wandern in finsterer Schlucht, ich fürchte kein Unheil; denn du bist bei mir, dein Stock und dein Stab geben mir Zuversicht.«

Und dann beginnt eine Zeit, die in meiner Erinnerung düster, finster, einsam und schreckerfüllt ist.

Mich mit strengen Blicken einschüchtern, an den Haaren zerren, Ohrfeigen, Schläge auf den Mund und Kopf gehören fest zum »Erziehungsprogramm« meiner Eltern. Richtig schlimm wird es aber, als mein Vater beginnt, mich regelrecht windelweich zu prügeln. Und zwar meist ohne für mich nachvollziehbaren Grund. Weil ich frech sei, weil ich zu spät nach Hause gekommen sei, lautet etwa die Begründung. Doch ich spüre, es geht um weit mehr: Es geht nicht einfach nur um meine »Vergehen«, die es zu bestrafen gilt. Es geht um eine tief in ihnen schlummernde Furcht, ich könnte aus dem Weg, den sie für mich vorgesehen haben, ausscheren und so ihrem Ruf als Eltern schaden.

Oft wirkt mein Vater während der Prügelattacken wie in Trance. Dazu schreit er hässliche Dinge, die sich mir wie Brandzeichen in meine Seele einbrennen. Es ist, als ob er mich verfluchen würde – ein Fluch, der von da an auf meinem Leben lastet und zu wirken beginnt.

Wenn ich flüchten kann, rennt er mir durchs ganze Haus hinterher. Manchmal habe ich Glück und gelange rechtzeitig in mein Zimmer, wo ich schnurstracks den Schlüssel im Schloss umdrehe, sodass ich in Sicherheit bin. Dort drehe ich mein Radio in voller Lautstärke auf und lasse mich mit Musik in eine Traumwelt tragen. Während Vater draußen vor Wut an meine Türe hämmert und mit seiner Verzweiflung kämpft, ringe ich drinnen mit meinen Gefühlen, die aufgewühlt werden – Angst, Verzweiflung und Selbsthass.

Ich weiß, dass mein Adoptivvater von seinem Vater ebenfalls geschlagen worden ist, oft sogar mit dem Ledergürtel. Aufgrund dieses Wissens verzeihe ich meinem Vater schon als Jugendliche sein gewaltsames Verhalten. Doch versperrt mir dieses Wissen um seine eigene von Brutalität geprägte Vergangenheit über Jahrzehnte auch den Zugang zu einer gesunden Wut über seine Gewalttaten, die er mir gegenüber ausgeübt hat. Vergebung und Versöhnung mit dem uns angetanen Leid können aber nur geschehen, wenn wir die »schlechten« Gefühle klar in Worte fassen und uns oder andern eingestanden haben. Nur so sind Heilung und Vergebung im Tiefsten möglich.

Ein großes Unverständnis bis heute bleibt gegenüber der Tatsache, dass meine Adoptivmutter nie eingreift. Passiv zuschauend lässt sie dies alles zu, oft mit einem von mir als triumphierend erlebten Lächeln. Zum ersten Mal in meinem Leben spüre ich Hass – meiner Mutter noch mehr als meinem Vater gegenüber. Es wird ein jahrelanger Kampf auf mich zukommen, um mich innerlich mit meinen Eltern zu versöhnen.

Drogenexperimente und Sehnsucht nach Versöhnung

Versöhnung – der Wunsch, mich mit all dem Leid, der Not, den Qualen in meinem Inneren, meinem Leben und dem, was mir meine Eltern angetan haben, was ich ihnen angetan habe, zu versöhnen, es zu verändern, von Gott verklären lassen, ist übermächtig. Ich stelle mich viele Jahre buchstäblich auf den Kopf, um mit ihnen Frieden zu schließen, mit mir Frieden zu finden. Aber es wird lange dauern, bis mir das gelingt. Vorerst hasse ich mich selbst. Mir selbst gebe ich im Tiefsten die Schuld an diesen Zerwürfnissen. Ich experimentierte mit allerlei, um der Hässlichkeit meines Daseins in dieser Welt und der Unwürdigkeit zu entfliehen.

Ich bin 16 Jahre alt, zwei meiner Freunde verabreden sich, den Abend gemeinsam zu verbringen, und laden mich dazu ein. Irgendwie spüre ich, dass da etwas geschehen wird, was mir nicht guttut, aber ich denke: Es spielt keine Rolle, was auch immer ich tue, es ist falsch, es gelingt mir nicht, meine Eltern zufriedenzustellen; deshalb werde ich dorthin gehen und miterleben, was diese beiden so treiben. Wir treffen uns zu Hause bei einem der beiden. Seine Eltern sind in den Ferien und so haben wir »sturmfreie Bude«. Zuerst wird Alkohol aufgefahren und anschließend gekifft. Erst spüre ich keine große Wirkung. Dann aber werde ich immer mehr high: Der »Shit« entfaltet seine Wirkung. Der Rausch befreit mich – zumindest für einen Moment – von allen Sorgen.

Ich verkehre nun immer öfter in Kreisen, in denen Hasch und Marihuana konsumiert werden, und erlebe, wie unterschiedlich die Wirkung sein kann, je nach Gras oder Harz, das geraucht wird. Das Zusammensein, den Joint oder das Chillum kreisen zu lassen, das Gemeinschaftsgefühl und Dazugehören – das tut gut und ich genieße es sehr. Ich lerne in dieser Clique eine Fürsorglichkeit kennen, die mir neu ist. Ich fühle mich von friedliebenden Menschen umgeben. Wir durchwachen zusammen Nächte, lachen unter Drogeneinfluss über alles Mögliche. Oder wir philosophieren über Gott und die Welt und sind überzeugt, dass wir die Lösung für alle Weltprobleme haben: »Warum, zum Henker, fragt uns keiner? Wir wissen doch total gut, wie's richtig geht.«

Ich erinnere mich, wie ich mit meinen Freunden in der Nacht auf einen Hügel spaziere und denke: »Wenn ich jetzt meine Flügel ausbreite, kann ich mich aufschwingen und davonfliegen.« Im Drogenrausch kämmen meine Freundin und ich uns oft gegenseitig die langen Haare. Wir haben herausgefunden, dass es weniger ziept, wenn wir zuvor etwas geraucht haben. Ich erkenne, dass Hasch eine schmerzlindernde Wirkung hat.

Meine Drogentrips haben jedoch nicht nur eine positive Wirkung. Ich bin isoliert und oft kaum ansprechbar, aber in meinem Inneren fühlt sich zugleich alles total lustig an. Andere Kiffer erzählen Ähnliches: Wenn sie high seien, könne der beste Freund an ihrer Seite stehen, und sie würden ihn nicht erkennen. Über dieses »Gespalten-Sein« zu sprechen finden wir cool. Wir fühlen uns allen anderen überlegen. Wie sehr sich hinter diesem Überlegenheitsgefühl Hochmut und Arroganz verbergen, erkenne ich zu diesem Zeitpunkt noch nicht.

Meine Welt mit meinen Kiffer-Freunden ist zu diesem Zeitpunkt für mich eine rettende Insel, die mich vor der erdrückenden Familiensituation beschützt und vor ihr befreit. Zu Hause herrscht permanenter Kriegszustand. Ich soll an allem schuld sein, auch an den Schwierigkeiten, die nicht mich betreffen.

Ich beginne in dieser Lebensphase psychologische Bücher zu lesen und mich für psychische Mechanismen zu interessieren. Mir wird bewusst, dass Menschen ihre Probleme oft auf andere abwälzen. Sie suchen einen Sündenbock, um sich nicht mit den eigenen Schattenseiten auseinandersetzen zu müssen. Es braucht Kraft und Mut, hinzusehen und sich einzugestehen: Ich bin nicht so gut, wie ich von mir dachte. Oder, wie es der Schriftsteller Friedrich Glauser ausdrückt: als »jener arme Hund dazustehen, der jeder von uns nun einmal ist«.

Was wird aus mir?

Logisch, dass in diesem schwierigen Lebensabschnitt meine schulischen Leistungen nicht gerade brillant sind. Die Sekundarschule bringe ich daher nur mit Ach und Krach hinter mich. Für meine Eltern gibt es nur einen Weg, der für mich infrage kommt: eine kaufmännische Lehre! Da ich mit meinen schlechten Noten insbesondere in Mathematik und aufgrund meiner halbherzigen Bewerbungen keine Lehrstelle finde, schicken sie mich auf eine Handelsschule.

Immer mehr stürze ich ab und verliere den Glauben an das Gute in mir. Ich denke, dass ich grundschlecht sei, voll Sünde, Fehlern und Finsternis, verabscheuenswürdig, hässlich bis in mein tiefstes Inneres.

An einem nebelig feuchten Abend im November steige ich aus dem Bus, um nach Hause zu gehen. Ich reflektiere und denke über mein Leben nach. Ist es das, was ich immer wollte? Drogen-experimente? Herumhängen? Streit mit den Eltern? Nein, eigent-lich war doch der Wunsch da, einmal eine Familie zu haben, selber Kinder zu kriegen oder sogar Pflegekinder zu betreuen. Ich weiß nicht, mit wem ich darüber sprechen kann, und mache mich auf den Weg zum Friedhof. Trotz Dunkelheit und Nebel suche ich das Grab von Martha auf, die einige Zeit zuvor gestor-ben ist. Ich setze mich auf eine Bank in der Nähe ihres Grabs. Es wird still in mir. Ich betrachte das Grab und denke an Martha, die eine so bemerkenswerte Frau war. Von einem Moment zum nächsten sehe ich das Grab und die nähere Umgebung in ein sanftes, warmes Licht getaucht, Antwort wird mir gegeben; ich stehe gestärkt auf und weiß, wie es mit mir weiterzugehen hat.

Am nächsten Tag teile ich meinen Eltern mit, dass ich als Au-pair in die Westschweiz gehen will, um die französische Sprache zu lernen. Mir ist klar geworden, dass ich nicht mehr in der gewohnten Umgebung bleiben kann. Es braucht einen »Tapetenwechsel«, eine Kursänderung, ich muss zu meinem un-gesunden »Freundeskreis« und konfliktbeladenen Elternhaus auf Distanz gehen, damit Aussicht auf ein gesundes, heiles Leben besteht. Meine Eltern gehen auf meine Pläne ein. Ich wünsche, in einer Großfamilie mit vielen Kindern zu arbeiten, aber das trauen sie mir nicht zu, und so komme ich in eine vermögende ungarisch-französische Familie aus der Oberschicht. Ihr gehören mehrere Häuser und Wohnungen in der Schweiz und im Aus-land. Meine Aufgabe ist es, den kleinen Sohn – den ich schon bald über alles liebe – zu betreuen. Mit dem Lebensstil der Familie und ihren Problemen kann ich nicht viel anfangen.

Am Ende der Au-pair-Zeit will ich auf keinen Fall in mein Elternhaus zurück. Daher sehe ich mich nach einem Praktikumsplatz in einer Kinderkrippe in Lausanne um. Mein Ziel ist es jetzt, eine Ausbildung als Kleinkinderzieherin zu machen, die ich jedoch erst mit 18 Jahren beginnen kann. Davor will ich mich mit Praktika auf diese Aufgabe vorbereiten. Wie glücklich macht mich die Arbeit mit Kindern! Ich entdecke meine Freude am Erfinden von Kindergeschichten. Zu sehen, wie die Kleinen an meinen Lippen hängen und sich an meinen erfundenen Versen freuen, gibt mir Kraft und Zuversicht.

Meine Eltern sind jedoch mit dem von mir eingeschlagenen Weg nicht einverstanden und beordern mich nach Hause zurück. Ich bin nun 18 Jahre alt, doch die Volljährigkeit erreicht man zu dieser Zeit erst mit 20 Jahren. Also muss ich mich dem Plan meiner Eltern fügen und die Lehrstelle als Telefonistin auf dem Telegrafenamt antreten, die sie bei der staatlichen Post für mich organisiert haben. Wie stolz sind sie, dass ich mit dieser Stelle Beamtenstatus erreiche!

Rückfall in Drogenkonsum, Panikattacken

Kaum bin ich zurück bei meinen Eltern, beginne ich wieder zu kiffen. Eines Nachts treffe ich mich mit einer spanischen Freundin und wir rauchen »schwarzen Afghanen«. Plötzlich weiß ich nicht mehr, wo ich mich befinde, ich kann mich nicht mehr orientieren und habe das Gefühl, jemand würde meine Seele aus meinem Körper reißen.

Am nächsten Tag weiß ich zwar wieder, wo ich bin, aber die panische Angst verlässt mich von da an für die nächsten Jahre nicht mehr. Ich falle in ein tiefes, dunkles Loch. Es gibt kein Entrinnen, ich bin gefangen in mir, die Angst schnürt mir die Kehle zu – ich kriege Panikattacken. Sie überfallen mich überall und immerzu. Ich kann nicht schlafen, zu sehr fürchte ich mich vor dem Leben und dem Tod. Ich kann nicht essen, erbreche alles sofort wieder. Trotzdem ziehe ich die Ausbildung auf dem Telegrafenamt durch. Mein einziger Gedanke:»Bloß nicht aufgeben.«

Wenn ich spüre, dass eine Angstattacke im Kommen ist, verziehe ich mich aufs Klo, damit niemand mitbekommt, was mit mir geschieht. Zu sehr schäme ich mich. Ich habe so unsägliche Angst. Wenn man mich fragen würde, wovor, könnte ich bloß antworten:»vor Gott und seinem Strafgericht«. Wer will das schon hören, denke ich. Also verstecke ich mich.

Ich beginne vermehrt die Bibel zu lesen und gelange zufällig immer wieder an Stellen, wo von Strafgericht und Krieg, von der Vernichtung und dem Zorn Gottes die Rede ist. Ich bin allein. Kein Mensch kann mir helfen. Meine Freunde sind hilflos und beginnen sich zu distanzieren. Diejenigen, die zu mir halten, sind bald überfordert – ich bin ja mit mir selbst überfordert.

Ich bastle mir ein Kreuz aus zwei Holzstücken und einer Schnur, daran halte ich mich fest wie die blutflüssige Frau im Markusevangelium, die das Gewand Jesu berührt. Indem ich das Kreuz festhalte, kralle ich mich sinnbildlich an seinem Rock fest, in der Hoffnung, dass er mir vergibt und mich heilt.

Sehnsucht nach Veränderung, Heilung

So werde ich 19 Jahre alt und kämpfe mich durchs Leben. Jeden Tag ringe ich mit meiner Angst. Ich habe nun vermehrt Kontakt zu gleichaltrigen Frauen, die in einer Freikirche sind. Sie laden mich zu Bibelabenden ein, wo wir über einzelne Bibelstellen diskutieren und Lobpreislieder singen. Zu sehen, wie Menschen aus der Bibel Kraft schöpfen und den Glauben stärken, fasziniert mich.

Sie nehmen mich zu christlichen Großveranstaltungen mit. Sogenannte Zeltevangelisationen liegen zu dieser Zeit im Trend. Damit sollen kirchendistanzierte Menschen zum Glauben eingeladen werden. Ich besuche diese Veranstaltungen in der Hoffnung, Antworten auf meine vielen Fragen zu finden. Doch Aussagen der Prediger wie: »Denn die Hölle muss schrecklich sein…«, versetzen mich in noch größere Panik. Anderes von diesen Veranstaltungen kommt mir oberflächlich vor: Wenn ich jetzt nach vorn zum Altar gehe und zu allem »ja« sage, was da mittels des Hellraumprojektors erklärt wird, dann bin ich gerettet und erlöst? Diese Bekehrungsrituale überzeugen mich nicht.

Ich spüre, dass tief in mir drin eine Veränderung geschehen muss. Doch geschieht dies bei mir nicht im Rahmen einer Massenbekehrung. Für mich ist das nicht der richtige Weg. Kein Friede, keine Ruhe ist in mir. Nur Angst, Panik, Verlassenheit, Einsamkeit, Finsternis und Kälte. Dieser Zustand dauert nun schon zwei Jahre. Unerträglich! Es wird nicht besser, sondern schlimmer. Ich kann immer noch nicht richtig essen. Nach wie vor klammere ich mich an meinem Holzkreuz fest und denke an die Worte Jesu, die er am Kreuz gerufen hat: »Mein Gott, mein Gott, warum hast du mich verlassen.« Diese Gottverlassenheit! Ich spüre: Jesus ist vor mir diesen Weg gegangen. Ich bin nicht allein in meiner Angst und Verlassenheit!

Es ist Nacht. Ich liege lange wach, gegen Morgen schlafe ich endlich ein. Ich träume. Da sind viele Menschen; alle mit Blick auf ein Schiff, groß wie die Arche. Auf dem obersten Deck steht Jesus mit seinen Jüngern, den zwölf Aposteln, es sind noch andere Leute an Bord. In der Nähe des Schiffs stehen weitere Menschen im Licht; je weiter weg vom Schiff die Menschen stehen, desto dunkler ist es. Ich stehe in der Finsternis. Jesus fordert mich mit einer Handbewegung auf, zu ihm zu kommen. Ich trete aus der Dunkelheit ans Licht. Ich erwache und bin zum ersten Mal in meinem Leben von tiefer Zuversicht erfüllt.

Ich lese viel in der »Bibel in heutigem Deutsch«, die ich geschenkt bekommen habe. Ich vertiefe das Verständnis mit einer Studienbibel. Das tägliche Bibelstudium gehört nun zu meinem Leben.

Ich lese: »Und durch die, welche zum Glauben gekommen sind, werden folgende Zeichen geschehen: In meinem Namen werden sie Dämonen austreiben; sie werden in neuen Sprachen reden; wenn sie Schlangen anfassen oder tödliches Gift trinken, wird es ihnen nicht schaden; und die Kranken, denen sie die Hände auflegen, werden gesund werden.« (Markus 16,17–18) Ich bete: »Gott, ich bin nicht würdig, dein Kind zu sein; aber wenn du das für deine Kinder tust, kannst du es auch für mich tun! Du kannst mich heilen, so dass ich wieder essen kann und mich nicht mehr davor fürchte, vergiftet zu werden.«

Drei Wochen lang lese ich diesen Vers aus dem Markusevangelium immer wieder und esse daraufhin bewusst. Nach dieser Zeit bin ich geheilt! Halleluja! Ihm sei die Ehre und der Dank!

Lernen, sich selbst zu lieben

Endlich kann ich nun doch die Ausbildung absolvieren, von der ich schon immer geträumt habe: Ich entscheide mich, die Ausbildung zur Kleinkinderzieherin zu wagen. Ein wichtiger Grund für diesen Berufswunsch ist, dass ich es mit meinen eigenen Kindern einmal besser machen will, als ich es selber erlebt habe. Ich will diese negativen Erziehungsmuster durchbrechen, ich will kompetent sein in dieser verantwortungsvollen Aufgabe. Denn ich bin mir sicher: Ich möchte einmal selbst Kinder haben und auch Pflegekinder betreuen. Ja, ich will auf meinem weiteren Weg Fürsorglichkeit leben und etwas für Menschen tun.

Neben der Berufsausbildung wartet aber noch eine andere Herausforderung auf mich: Ich möchte meine Mitmenschen auf dem Fundament der Bibel lieben können. Das bringt mich jedoch zur Verzweiflung. Ich fühle mich weit davon entfernt, mich selbst annehmen und lieben zu können. Wie soll ich also aufrichtig andere lieben? Ich kann mich auf den Kopf stellen, meine Liebe zu mir wächst keinen Millimeter. Jesus spricht: »Liebe deinen Nächsten wie dich selbst«. Er sagt nicht, liebe zuerst dich, dann wirst du deinen Nächsten lieben! Ich denke: Gott hat es zugelassen, dass ich an mir und anderen scheitere; dass ich, begünstigt durch biografische Bedingungen, Schwierigkeiten habe, mich selbst anzunehmen und zu lieben. Was kann ich denn dafür? Was muss ich tun, damit ich fähig werde, mich selbst zu lieben? Ich drehe die Weisheit um: »Ich kann willentlich meinen Nächsten lieben, dann wird die Liebe zu mir auch wachsen«, so hoffe ich.

Täglich lese ich das sogenannte Hohelied der Liebe, das der Apostel Paulus von Tarsus an die Jünger schreibt (1. Korinther 13) und eine der schönsten Beschreibungen der Liebe ist. Tag für Tag lese ich diesen Abschnitt und nehme mir vor, immer eine andere Facette der Liebe zu erlernen. So übe ich täglich, es ist ein harter Kampf. Oft verschränke ich die Hände hinter meinem Rücken und kralle sie ineinander, um nicht ungeduldig zu werden und mich nicht zu ereifern.

Tatsächlich werde ich mit jedem Tag etwas geduldiger. Ich überliste mich Stück für Stück. Ich erkenne, dass die Liebe auch mit dem Willen, dem Wollen zu tun hat. Ich kann mich selber entscheiden, ob ich freundlich sein will oder unbarmherzig, ob ich meinen Vorteil suche oder mein Gegenüber höherstellen mag. Ich muss meine schlechte Laune nicht zeigen und alle daran teilhaben lassen, es ist meine Entscheidung, dass ich mich um Ausgeglichenheit bemühe. Das will nicht heißen, dass ich anderen etwas vorspiele, ich kann kommunizieren, dass heute nicht »mein bester Tag« ist, und mich trotzdem bemühen, freundlich und geduldig mit meinen Mitmenschen (und mir) umzugehen, oder mich entschuldigen, wenn es mir nicht gelingt.

Ich erlebe, dass ich mich tatsächlich auf diesem Weg Stück für Stück mehr annehmen und selber lieben kann. Offensichtlich funktioniert die Weisheit wirklich auch in der anderen Richtung: »Du musst erst den andern lieben, dann kannst du auch dich selbst lieben.«

Glückliche Ausbildungszeit

Meine psychische Gesundheit hat sich so weit stabilisiert, dass ich mit zwanzig Jahren die Aufnahmeprüfung zur Kleinkinderzieherin bestehe und mit der Ausbildung beginne. Kleinkinderzieherin ist zu dieser Zeit ein Trend-Beruf. Über hundert Frauen bewerben sich auf wenige Ausbildungsplätze. Wir freuen uns riesig, dass wir zu diesen Glücklichen und Auserwählten gehören.

Im Vorkurs wird Allgemeinwissen vermittelt. Unser Stundenplan besteht aus Fächern wie Deutsch, Anthropologie und Psychologie. Der Stoff interessiert mich brennend. Wir Schülerinnen leben im Internat, jeweils zu zweit teilen wir uns ein Zimmer. Alle zusammen sind wir auf derselben Etage, da wird allerhand Unfug getrieben.

Die Arbeit mit den Kindern im Heim erfüllt mich mit großer Zufriedenheit. In der Freizeit stricken wir unseren Lieblingen Pullover, kaufen ihnen von unserem bescheidenen Lohn schöne Hosen und Röcke, nehmen sie auch mal mit in den Zoo. Die Worte »Abgrenzung« und »Professionalität« werden damals anders ausgelegt als heute. Man spricht von »helfenden Berufen« und unser Engagement über die Arbeitszeit hinaus wird mit Wohlwollen betrachtet.

Wir Schülerinnen verbringen einen großen Teil der Freizeit miteinander, wir erledigen gemeinsam Hausaufgaben, singen Lieder, bestellen unsere Kleider zusammen aus Modekatalogen und machen uns über unseren Kleinkinderzieherinnen-Style mit weiten Schlabberröcken und Gesundheitsschuhen lustig. Bequem muss es sein, wenn man Spaziergänge mit den Kindern unternimmt oder sich auf den Boden setzt, um mit ihnen zu spielen.

Jeden Abend laden wir uns gegenseitig in unsere Zimmer ein, es wird gegessen, getrunken und dazu getratscht und gestrickt. In dieser Umgebung fühle ich mich so wohl wie noch nie in meinem Leben, die Freundschaft mit den jungen Frauen trägt viel zu meiner Genesung bei. Das letzte der drei Ausbildungsjahre verbringen wir nicht mehr im Heim. Jede arbeitet nun separat in einer Kinderkrippe der Stadt Bern. Wir sehen uns seltener, aber gemeinsame Abende behalten wir bei.

Am Schluss der Ausbildung haben wir sowohl theoretische als auch praktische Arbeiten vorzuweisen: ausführliche Berichte über die Kinder, die wir während der Ausbildung beobachtet haben; dann auch viele handwerkliche Arbeiten für die Kinder wie einen Holzstall, Hampelmänner, genähte Puppen, Puppenkleider, Kasperlefiguren. Bei der praktischen Abschlussprüfung wähle ich das Thema »Garten«. Als Vorbereitung richte ich einen Garten im Spielzimmer der Kinderkrippe ein, mit einem Gartentor und großen, bunten Blumen. Die Kinder freuen sich an dieser ungewohnten Umgebung und machen während der Prüfung ganz toll mit. Wie stolz bin ich, dass ich für diese Lektion die Bestnote bekomme!

Meine schriftliche Abschlussarbeit schreibe ich zum Thema »Adoption«. Schon lange möchte ich mich damit befassen. Damit verbunden beginnt mich auch die Frage nach meinen »richtigen« Eltern wieder mehr zu interessieren. Ich erkundige mich beim Jugendamt als »Nichtbetroffene«, die für ihre Abschlussarbeit Informationen darüber haben möchte, wie ein adoptiertes Kind herausfinden kann, welches seine leiblichen Eltern sind. Ich erfahre, dass dies eher schwierig sei, weil die Vormundschaftsbehörde den Kontakt zu den leiblichen Eltern in der Regel verhindert, damit das Leben der abgebenden Eltern nicht zu sehr aufgewühlt werde. Daher entscheide ich, die Suche nach meinen leiblichen Eltern vorläufig noch nicht anzugehen.

Heute werden Adoptivkinder stärker darin unterstützt, zu erfahren, wo ihre Wurzeln sind. Das finde ich richtig. Für mich war mein Leben noch lange wie »eine Geschichte ohne Anfang«.

Familienglück auf dem Lande

Lukas 11,13: »Wenn nun schon ihr, die ihr böse seid,
euren Kindern gebt, was gut ist, wie viel mehr wird
der Vater im Himmel den Heiligen Geist denen geben,
die ihn bitten.«

Die nun folgende Zeit ist für mich nicht einfach zu beschreiben. Das hat damit zu tun, dass ich hier nun an einem Scheideweg stehe, wo ich mich fragen muss: Hätte mein Leben auch anders verlaufen können? Füge ich mich dem Mädchentraum, einmal »Mueti« zu werden, eine Familie zu gründen und Kinder zu haben? Oder folge ich einer inneren Stimme, die mir schon damals sagt, dass vielleicht ein anderer Lebensplan für mich entworfen wurde? War es sinnvoll, andere Menschen an meinem Lebensweg so intensiv und nah teilhaben lassen? Ist es richtig, anderen Menschen mein radikales Suchen nach Gott zuzumuten?

Natürlich lässt sich einfach sagen: Wäre ich in einer katholischen Umgebung aufgewachsen, mit Angehörigen in der Familie, die den Weg als Nonne oder Mönch ins Kloster gingen, hätte ich diesen Weg vielleicht schon damals als den für mich richtigen gesehen. Doch bin ich als uneheliches Kind von einer evangelischen Familie adoptiert worden, in der es keinerlei Vorbild für einen spirituellen Weg in ein Kloster gab. Wieso also sollte ich als 20-Jährige auf die Idee kommen, dass etwas anderes für mich richtig sei als ein traditioneller Lebensweg mit einer Familie?

Natürlich ist die Frage, ob es für mich richtig war, zu heiraten und Kinder zu bekommen, aus heutiger Sicht auch irgendwie falsch gestellt. Allein schon die Vorstellung, es hätte meine Kinder in meinem Leben nie gegeben, gibt mir einen Stich ins Herz. Ich möchte keinen einzigen Tag mit ihnen missen. Sie großzuziehen hat mich ganz wesentlich zu dem Menschen gemacht, der ich heute bin. Die Erfahrungen und Erlebnisse mit ihnen sind ein wichtiger Teil von mir geworden.

Wie ich meinen Mann kennenlerne

Zu Beginn meiner Ausbildung als Kleinkinderzieherin lebe ich zwischenzeitlich wieder bei meinen Eltern. Es ist die Zeit während des Vorkurses. Ich muss viel lernen und arbeite fleißig. Mein Verhältnis zu ihnen ist distanziert. Ich bin nun erwachsen und lebe in meiner eigenen Welt. Mein Leben ist ruhiger geworden. Drogen spielen keine Rolle mehr, entsprechend hat sich auch mein Freundeskreis verändert.

Jeweils am Samstagabend treffe ich mich mit Gleichaltrigen in der Dorfkneipe. Wir diskutieren über Politik, trinken Cola und Bier, flirten und lachen. Anschließend geht es zu einem Fest in der Umgebung. Die Stimmung ist gut – wir sind unbekümmert, ausgelassen, ich kann diesem geselligen Zusammensein durchaus etwas abgewinnen. Ich fühle mich aufgehoben, angenommen und leicht. Endlich eine Umgebung, in der ich unbeschwert sein kann.

So lerne ich auch meinen Mann kennen. Eigentlich kennen wir uns schon von der Schule her, doch damals fürchtete ich mich noch vor den großen Jungs. Nun ist er ein erwachsener Mann. Die Ruhe, die er ausstrahlt, seine Bodenständigkeit, seine Fröhlichkeit und sein Humor gefallen mir auf Anhieb. Wir flachsen und lachen zusammen. Uns verbindet auch der Tanz: Gerne rauschen wir zusammen zu den damals gängigen Schlagern übers Parkett. Immer mehr wird uns klar, dass wir zusammengehören. Wir beginnen uns auch an anderen Tagen ohne unsere Freunde zu treffen, wir unternehmen Ausflüge zusammen und sprechen viel miteinander über Gott, das Leben und unsere Vorstellungen davon. Ich erzähle ihm von meinen Ängsten, die mich quälen. Seine Art, damit umzugehen, hilft mir: Er bleibt ruhig, hält mich in seinen Armen, macht zur Auflockerung auch mal einen Witz über meine Besorgtheit, sodass ich lerne, über mich zu lachen.

Das Bedürfnis, eine Familie zu gründen, wächst bei uns beiden. Wir sprechen darüber, auf einen Bauernhof zu ziehen, Landwirtschaft zu betreiben, Kinder zu bekommen und Pflegekinder zu betreuen. Der Wunsch geht in Erfüllung: Er hält um meine Hand an, bald darauf bin ich schwanger.

Als junge Bäuerin auf dem Lande
Unsere Hochzeit ist im Dorf ein Ereignis. Ein für mich bis heute bewegendes Bild ist das lange Spalier, das uns, das frisch vermählte Paar, vor der Kirche erwartet, als sich nach der Trauung die Kirchentür öffnet. Die ganze Dorfjugend ist da: Der Turnverein, Freundinnen aus meiner Ausbildungszeit, Kolleginnen und Kollegen von der Arbeit. Ich fühle mich in diesem Augenblick aufgenommen. Meine Leben scheint irgendwie gefestigt,

dank meines Mannes, der im Dorf sehr gut integriert ist. Das anschließende Festmahl ist weniger groß als ursprünglich geplant, denn mein Vater ist schwer krank.

Meine Mutter hätte lieber einen Arzt oder Anwalt an meiner Seite gesehen. Dass ich in eine ländliche Umgebung heirate und Bauernfrau werde, hat in Bezug auf mein Elternhaus wohl auch etwas Rebellisches, ja Emanzipatorisches und unterstützt mich auf meinem Weg hin zu mir, hin zu Gott.

Die ersten Monate leben wir bald zu dritt – mit unserer erstgeborenen Tochter – auf kleinstem Raum, noch auf dem Bauernhof, wo mein Mann arbeitet. Nach und nach können wir unsere Pläne umsetzen: Wir bekommen die Gelegenheit, einen landwirtschaftlichen Betrieb mit zwölf Hektar Land in der Bergzone zu erwerben, und werden von der Pflegekindervermittlungsstelle als sogenannte SOS-Familie angenommen. Dies bedeutet, dass wir für Kinder in einer Notsituation einen Pflegeplatz anbieten, wenn die leiblichen Eltern sich für eine begrenzte oder auch längere Zeit nicht mehr selbst um die Kinder kümmern können, beispielsweise bei gesundheitlichen Beeinträchtigungen als Folge eines Unfalls, psychischen Problemen, Drogenabhängigkeit.

Mit meinem Mann lebe ich eine klassische Arbeitsteilung: Während er sich um den Landwirtschaftsbetrieb kümmert, nehme ich mich unserer Kinder an – der eigenen und der uns anvertrauten. Ich profitiere dabei von meiner Ausbildung und habe so auch die Möglichkeit, meinen gelernten Beruf nach der Geburt meiner eigenen Kinder weiterzuführen: Meine Aufgabe ist es, die Pflegekinder in ihrer Situation aufzufangen, sie in der

Zeit, in der sie bei uns sind, zu betreuen, zu stärken und sie in ihrer Lebenslage gut zu unterstützen. Ich beobachte ihre Entwicklung und mache mir Notizen, denn die zuständigen Ämter und Behörden fordern jeweils einen schriftlichen Bericht als Entscheidungsgrundlage, wie es mit den Kindern weitergehen soll. Die Pflegekindervermittlungsstelle kontaktiert uns regelmäßig, es ist eine gute und sinnvolle Zusammenarbeit, die mich erfüllt. Nebenbei verdienen wir damit auch ein kleines Zubrot, das wir als Inhaber eines einfachen Bergbauerngehöfts gut gebrauchen können.

Die ersten Ehejahre sind intensiv und ausgefüllt. Mein Mann und ich sind ein gutes Team mit unseren je eigenen »Gärtchen«. Dazu kommt auch der ständige Umbau von Haus und Hof, die wir in teils heruntergekommenem Zustand übernommen haben. Im Wohnhaus gibt es viel zu tun: Noch haben wir kein Badezimmer und nur ein Plumpsklo über der Jauchegrube. In der Küche fließt nur kaltes Wasser. Warmwasser bereite ich auf dem niederen, schwarzen Holzherd zu, auf dem ich auch unsere Mahlzeiten koche.

Schon damals spüre ich: Das einfache, rustikale Leben passt zu mir. In welcher Situation auch immer ich bin, ich kann mich gut darauf einstellen. Doch habe ich in dieser sehr einfachen und alles andere als stilvollen Umgebung auch zu kämpfen. Das Haus war von den verschiedenen Vorgängern eher behelfsmäßig und lieblos restauriert worden. Das Bewusstsein, dass es noch Jahre dauern wird, bis wir am Ziel angekommen sind, zehrt an meinen Kräften. Weil wir kaum Geld haben, können wir auch nur in kleinsten Schritten in den Umbau investieren.

Nach und nach stellen wir den Betrieb auf Mutterkuhhaltung um, die damals noch nicht so verbreitet ist. Wir informieren uns mit einschlägiger Literatur oder befragen die wenigen Bauern, die auf diesem Gebiet schon Erfahrungen haben. Dadurch entstehen Freundschaften und eine gute Zusammenarbeit. Mein Mann ist für die Auswahl und den Kauf der Tiere zuständig und ich für deren Namensgebung. Natürlich habe ich auch meine Lieblingskuh. »Meieli« heißt sie. Mein Mann hat sie als »Problemkuh«, die nie trächtig werden will und eigentlich geschlachtet werden sollte, gekauft. Doch bei uns entwickelt sich dieses Tier wie durch ein Wunder. Als wir einen Stier ausleihen, der mit unseren Kühen auf der Weide lebt, wird »Meieli« problemlos trächtig und wirft ohne Komplikationen ein wunderschönes Kalb. Wir lassen ihr durch den Tierarzt die Hörner entfernen, damit auch sie – ohne die anderen Kühe und Kälber zu gefährden – im Freilaufstall umhergehen kann. Sie gehört viele Jahre zu unserer Familie und erfreut uns Jahr für Jahr mit einem gesunden Kalb.

Mein Mann liebt die Tiere über alles. Sein Umgang mit ihnen ist sehr innig. Am Abend, wenn er mit der Arbeit fertig ist, steht er Pfeife rauchend bei der Herde und beobachtet jede Kuh und jedes Kalb. Ich geselle mich zu ihm. Er erklärt mir, dass er die Bedürfnisse und auch Krankheiten bei den Kühen besser erkennen kann, wenn er sich die Zeit nimmt, die Tiere genau zu studieren. Gemeinsam betrachten wir die Herde und lachen über die eine oder andere Kuh und ihre Eigenheiten. Dieses Bei-der-Herde-Stehen wird unser abendliches Ritual, gemeinsam besprechen wir den vergangenen Tag und teilen unsere Gedanken über allerlei Erlebtes, Gehörtes, Gedachtes. Ich genieße es, Zeit mit meinem Mann zu verbringen. Auch beim Mittagessen nimmt das Erzählen und Austauschen viel Raum ein. Dieses Gemeinschaftsempfinden erlebe ich als zutiefst heilsam und förderlich für mich, für uns – und später auch zusammen mit den Kindern.

Schon bald sind wir Selbstversorger. Das heißt, die meisten Lebensmittel erwirtschaften wir selbst in unserem Betrieb. Wie früher in vielen Bauernbetrieben üblich bin ich als Frau für das Kleinvieh zuständig. Wir halten Schweine, Kaninchen, Ziegen und Hühner. Da ich darin kaum Erfahrungen mitbringe, lese ich über deren Haltung. Denn uns liegt viel daran, dass unsere Tiere auch »glücklich« sind.

Literatur besorge ich mir auch über das Gärtnern. Doch letztendlich unersetzbar ist meine Nachbarin, die ich mit Fragen löchere, wenn immer sie bei unserem abgelegenen Gehöft vorbeikommt. Sie bringt mir bei, einen Zopf richtig zu flechten, Butter und Joghurt selber zuzubereiten, und zeigt mir weitere Handgriffe und Geheimtricks, die mir als junger Bäuerin das Leben auf dem Lande erleichtern.

Aufwachsen im Paradies

Wichtige Termine sind meine Besuche beim Gynäkologen, denn alle zwei Jahre erwarten wir Nachwuchs, und ich will die regelmäßige Kontrolle während der Schwangerschaft nicht versäumen. Ein Kind zu erwarten ist für mich immer wieder ein Wunder. Kaum weiß ich, dass ich ein neues erwarte, beginne ich die Wickelkommode und das Bettchen vorzubereiten. Auch erwacht in mir mit den Kindern wiederum die Freude am Gestalten und Basteln. Alle vier kommen zudem in den Genuss, sich mit den während meiner Ausbildung hergestellten Spielsachen zu vergnügen.

Die Geburt jedes Kindes macht mir auch bewusst, wie dünn der Faden ist, an dem unser Leben hängt. Einer meiner Söhne ist mir in seinen ersten Lebensmonaten ein kleines »großes« Sorgenkind. Da ich in der Schwangerschaft an einer Gestose, einer Schwangerschaftsvergiftung, erkranke, ist er bei der notfallmäßigen Sectio winzig klein. Es ist lange Zeit so, als finde er nicht recht ins Leben und in unsere Welt hinein. Das ändert sich von einem Tag auf den andern, als er zu kriechen beginnt. Alles will er erkunden und ausprobieren. Ich freue mich sehr über seinen Lebensdrang. Er entwickelt sich zu einem Original, das er bis heute geblieben ist, und zu meiner Freude arbeitet er in der Pflege und dient älter gewordenen Menschen mit seiner Liebe, Zuneigung, Fantasie und Originalität.

Auch meine älteste Tochter ist bei der Geburt ein Winzling. In der Nacht nach ihrer Geburt setzt ihr Atem aus. Zum Glück ist sie – weil so winzig klein – in einer Isolette, einem Brutkasten, untergebracht und das Überwachungsgerät schlägt sofort Alarm: Die diensthabende Hebamme kann unser neugeborenes Töchterlein wieder zum Atmen bringen, es muss aber zur Überwachung sofort in die Notfallaufnahme des Kinderspitals gebracht werden. Ich bleibe erschrocken und fassungslos zurück. Die Nachtwache, Schwester Elisabeth, kocht mir einen Tee, setzt sich zu mir, bis ich mich gefasst habe. Die folgenden Tage leben wir in Ungewissheit und müssen stark bleiben. Dreimal am Tag bringe ich Milch für meine kleine Tochter ins Kinderspital, darf sie einen Augenblick aus der Isolette nehmen und in den Armen halten.

Wie groß ist das Glück, als der zuständige Arzt uns Eltern zusichert, dass nun alles so weit abgeklärt und in Ordnung sei, dass wir unser Kindchen nach Hause nehmen dürften. Noch eine Weile lang stupse ich sie öfters an, weil ich meine, sie hätte aufgehört zu atmen. Ich packe sie in viele Decken und umgebe sie mit Wärmflaschen. Heute überragt mich meine einst so winzige Tochter um Haupteslänge.

In vielerlei Hinsicht wachsen unsere Kinder in einer Idylle auf. Mir ist es wichtig, dass sie viel draußen spielen und von klein auf Umgang mit der Natur und den Tieren haben. Sie sollen lernen, für ein Lebewesen Verantwortung zu übernehmen, und ihm mit Liebe, Fürsorge und Respekt begegnen. Gelegenheit dazu gibt es genug. Neben Hühnern, Schweinen, Kaninchen lebt auch Samson bei uns, ein Haflingerwallach, der mit den Kindern die lustigsten Spiele treibt. Oder unser Appenzeller-Mischlingsrüde, der, wie andere Tiere bei uns, keinen einfachen Start ins Leben hinter sich hat. Am früheren Ort ist er von Schwierigkeiten geplagt gewesen: Trotz seiner sechs Lebensjahre kommt er nicht stubenrein zu uns, zeigt sich aggressiv und bissig. Kaum ist er bei uns, verändert er sein Wesen. Die Liebe und Zuneigung der Kinder ihm gegenüber sind überschwänglich.

Tiere sind für Liebe, Geduld und Zuneigung von uns Menschen sehr empfänglich. Ein gutes Beispiel dafür ist auch Theresli, unser dreifarbiges Kätzchen. Einmal bin ich grad draußen beim Wäscheaufhängen, als sie mir aufdringlich um die Beine streicht und laut miaut. Da ich beim besten Willen nicht verstehe, was sie mir sagen will, setze ich mich zu ihr auf den Boden. Sie springt mir auf den Schoß und bringt hier ihre drei Jungen zur Welt. Ihre Anhänglichkeit kennt keine Grenzen. Wenn wir spazieren, begleitet sie uns auf Schritt und Tritt, wenn sie Junge hat, folgen die uns ebenfalls, sodass wir mit einer ganzen Katzen-Prozession und weiteren Tieren unterwegs sind. Wie traurig sind wir, als sie beim Mausen in der Mähmaschine des Nachbarn so schwer verletzt wird, dass wir sie schweren Herzens einschläfern lassen müssen.

Für unsere Kinder ist das Aufwachsen auf dem Bauernhof aber nicht nur wegen der Tiere ein Leben im Paradies. Es gibt genug Raum, um sich entfalten zu können und die Ideen mit viel Fantasie umzusetzen. Draußen vor dem Haus wird ein Zirkus aufgebaut, wohin wir Eltern eingeladen werden. Bei den lustigen Clown-Nummern und artistischen Einlagen vergehen uns Hören und Sehen. Nur einen Steinwurf entfernt liegen Wald und Bach, wo »Schwimmwettkämpfe« mit den Hunden stattfinden, Hütten gebaut und Staumauern »betoniert« werden.

Auf der anderen Seite sind die Kinder natürlich auch eine unglaubliche Bereicherung für mich als Mutter. Sie sind eine gute Schule, Liebe zu lernen. Tag und Nacht für sie da sein, sich und die eigenen Bedürfnisse zurückstellen und in erster Linie auf diese kleinen Menschen eingehen, das formt wohl die meisten Eltern.

In meiner Erziehung sind mir soziale Werte besonders wichtig. Zu sehen, dass diese bei unseren Kindern auf fruchtbaren Boden fallen, erfüllt mich mit Stolz und Freude. Mitverantwortlich dafür sind auch die Pflegekinder, die vorübergehend bei uns zu Hause wohnen.

Oft sind es zwei auf einmal, meist Geschwister. Teilen ist dabei ein wichtiges Thema. Angefangen beim Zimmer, das geteilt wird, über die Spielsachen bis hin zu meiner Aufmerksamkeit, die sie schon früh zu teilen lernen. Damit jedes meiner Kinder doch einen Ort hat, der nur ihm alleine gehört und den es nicht teilen muss, haben wir jedem ein Nachttischchen eingerichtet, worin es seine eigenen Schätze und Spielsachen aufbewahren kann: Puppen und Stofftiere, welche für alle anderen tabu sind. Alle anderen Spielsachen sollen jedoch für alle da sein. Beeindruckend, wie tadellos das funktioniert.

Wiedersehen mit den leiblichen Eltern

In der Zeit meines eigenen Mutterwerdens wächst auch der Wunsch in mir, endlich zu erfahren, wer meine eigenen Eltern sind, und mehr darüber zu wissen, woher ich komme und wo meine Wurzeln sind. Auch möchte ich im Hinblick auf meine eigenen Kinder wissen, ob es bei meinen Eltern vielleicht Erbkrankheiten gibt, über die ich informiert sein müsste. Ich habe gerade mein drittes Kind geboren, als ich mich entschließe, mich auf die Suche nach meinen leiblichen Eltern zu machen. Da ich von meiner Abschlussarbeit für die Ausbildung zur Kleinkinderzieherin weiß, wie schwierig der Weg ist, begründe ich das Gesuch mit der Dringlichkeit für meine Kinder und deren Nachfahren. Mein Anliegen wird positiv behandelt, die Vormundschaftsbehörde reagiert sehr freundlich, verständnisvoll und hilfsbereit.

Jetzt, wo dieser Schritt konkret wird, fürchte ich mich plötzlich davor. Wie wird es mein Leben verändern, wenn ich weiß, woher ich komme? Ich kann kaum noch schlafen und bin sehr aufgeregt. Bereits nach drei Wochen erhalte ich den positiven Bescheid: »Wir haben herausgefunden, wer ihre leibliche Mutter ist, wir werden sie anrufen, um zu erfahren, ob sie einen Kontakt wünscht.« Erneutes Warten und Bangen. Einige Tage später kommt der Bescheid: Meine leibliche Mutter habe ihr Einverständnis gegeben und freue sich, mich wiederzusehen und mich kennenzulernen. Man hat ihr meine Adresse gegeben. Es liegt an ihr, sich bei mir zu melden, was sie dann prompt am nächsten Abend tut.

Wie seltsam, mit dieser Frau zu telefonieren, die mich geboren hat. In kurzer Zeit erfahre ich viele Dinge, die mich berühren und aufwühlen. Sie erzählt mir, dass sie mich einige Tage gestillt habe. Auch sagt sie etwas für mich in diesem Moment ganz Wichtiges: Sie habe meinen Vater sehr gern gehabt. Es freut mich sehr, zu hören, dass ich nicht die Folge eines One-Night-Stands, sondern aus Liebe entstanden bin, wenn auch aus einer jungen, fragilen Liebe. Meine Eltern haben sich also gern gehabt. Am Ende des Telefongesprächs vereinbaren wir ein Treffen.

Es regnet Bindfäden. Fast zeitgleich treffen wir am vereinbarten Ort ein; wir umarmen uns, spontan und impulsiv, wie wir offenbar beide sind. Es folgt ein gegenseitiges »Beschnuppern«, wir lassen uns ein gemeinsames Mittagessen schmecken.

Von da an treffen wir uns regelmäßig, wir haben einander viel zu erzählen, Lücken zu füllen, Missverständnisse zu klaren –

es wächst ein freundschaftliches Verhältnis. Es ist auch ein Ausprobieren, wie wir zueinander stehen und was uns verbindet. Grenzen spüre ich, als sie mich schon bald fragt, ob ich sie mit »Mami« ansprechen möchte. Sehr schnell wird da klar, dass mir das nicht so einfach möglich ist. Diese Anrede ist klar für meine Adoptiveltern reserviert. Ihnen gegenüber fühle ich mich verpflichtet, sodass ich die Anrede von »Vater« und »Mutter« nicht einfach mit jemand anders teilen kann.

Sie erzählt, wie schwierig es für sie war, ohne die erhoffte Unterstützung seitens meines Vaters oder der Eltern ein Kind zu bekommen. Sie hofft auf mein Verständnis, wenn sie mir das erzählt. Es fällt mir nicht schwer, sie zu verstehen und ihr zu verzeihen. Wer bin ich denn, um zu richten? Ich kann gut nachvollziehen, dass sie überfordert war und sich vor der Verantwortung fürchtete, ein Kind ganz alleine aufzuziehen.

Sie erzählt von ihren Eltern und Geschwistern. Später werde ich ihrer Mutter und einer ihrer Schwestern auch persönlich begegnen. Doch fühle ich mich nicht wohl unter den Blicken meiner »leiblichen Verwandten«, wir werden nicht warm miteinander. Meine Mutter erzählt mir auch von meinem leiblichen Vater, der Liebesgeschichte zwischen ihnen und der tiefen, schmerzenden Enttäuschung, als er sie allein lässt – schwanger mit mir. Ich kann ihren Schmerz nachfühlen – trotzdem wächst in mir der Wunsch, auch ihn kennenzulernen. Meine leibliche Mutter nennt mir die Adresse, wo mein Vater seine Kindheit verbracht hat. Tatsächlich lebt seine Mutter noch dort. Ich schreibe an die angegebene Anschrift einen Brief mit der Bitte, ihn an meinen leiblichen Vater weiterzuleiten. Freundlicherweise übergibt seine Mutter, meine leibliche Großmutter, ihm den Brief.

Einige Zeit später ruft mich seine Lebensgefährtin an; wir unterhalten uns und sie erzählt mir viel von meinem Vater, der sich in den folgenden Wochen ebenfalls telefonisch bei mir meldet. Er gesteht mir bei unserem ersten Treffen, dass er erst, als seine frühere Ehefrau ihren gemeinsamen Sohn zur Welt brachte, begriffen habe, was es für eine Frau bedeute, ein Kind zu bekommen. Er schäme sich in Grund und Boden, mich und meine Mutter damals so schändlich im Stich gelassen zu haben.

Die Begegnung mit meinem leiblichen Vater bleibt mir in besonderer Erinnerung. Wir lachen viel. Er interessiert sich für mich, fragt allerlei – ich mag seine feinfühlige, humorvolle und gemütliche Art. Danach schreiben wir uns und telefonieren regelmäßig. Dabei spielt auch seine Lebensgefährtin eine wichtige Rolle, die den Kontakt mit mir schätzt und meinen Vater darin unterstützt, eine Beziehung zu mir aufzubauen.

Leider verstirbt er schon bald darauf an plötzlichem Herztod. Ich bin bei der Trauerfeier dabei und lerne bei dieser Gelegenheit auch seine Mutter und die Schwester kennen. Sie begegnen mir erst abwartend und distanziert. Als sie realisieren, dass ich nicht gekommen bin, um ihnen Vorwürfe zu machen, wird die Atmosphäre angenehm. Ich mache bei dieser Begegnung die für mich vollständig neue Erfahrung von Zugehörigkeit: ein Empfinden von »da gehöre ich hin, das sind meine Blutsverwandten, wir haben Ähnlichkeiten«. Wie gerne hätte ich dieses Zusammentreffen gemeinsam mit meinem Vater erlebt und noch viele Male wiederholt!

Leider bleibt es bei dieser einen Begegnung mit meinen Verwandten väterlicherseits. Doch hinterlässt sie in mir ein bleibendes, mich stärkendes Gefühl. Erstmals erlebe ich, was es bedeutet, sich zugehörig zu wissen, Menschen als Gegenüber zu haben, denen man sich verwandt fühlt. Zugegeben: Vermutlich neigt man als »Adoptierte« dazu, biologische Verwandtschaft zu idealisieren und sich nach Gemeinsamkeiten innerhalb der eigenen Familie zu sehnen. Umso glücklicher bin ich, dass ich zumindest einen Teil meiner leiblichen Verwandten kennenlernen darf und so mit meinen biologischen Wurzeln etwas in Berührung komme.

Krankheit und Depression

Meine älteren beiden Kinder sind dem Kleinkindalter entwachsen, als ich zunehmend eine innere Leere fühle. Zuerst versuche ich darüber hinwegzusehen und schreibe es der Erschöpfung zu, die sich in den Jahren meines intensiven und leidenschaftlichen Lebens als Mutter und Bauernfrau meiner bemächtigt hat. In den kurzen Momenten der Ruhe versuche ich im Gebet aufzutanken. Oder ich lese in einer der Bibeln, die ich überall im Haus verteilt habe, um mich so wieder für ein paar Stunden dem Alltag zuwenden zu können.

Meine Kraftlosigkeit nimmt zu, als ich erkenne, dass ich auch meinen Mann nicht mehr erreiche und er mir aus dem Weg geht, sobald ich ihn auf meine Not anspreche, die ich auch als unsere gemeinsame Not empfinde. Immer öfter kann ich am Morgen nicht mehr aufstehen, bleibe im Bett liegen und ringe mit Gott und der Welt.

Ich erinnere mich an eine innere Stimme, die mich damals mahnte, nicht zu heiraten. Da sie aus meinem Herzen aufstieg, verdrängte ich das Gehörte mit dem damals für mich typischen Empfinden: »Das kommt aus meinem Inneren, daher kann es nicht gut und richtig sein.« Also nahm ich die Stimme nicht ernst – und heiratete. Doch Gott hat seinen Segen trotz seiner vorangegangenen Warnung auf diese Ehe gelegt.

Als ich immer wieder Schwächeanfälle erleide, gehe ich schließlich zum Arzt, der mir, besorgt, aus gesundheitlichen Gründen eine Veränderung in meinem Leben auferlegt. Nach Gesprächen in der Familie, einer Therapie und vielem hartem Ringen entschließen mein Mann und ich uns zu einer Trennung auf Zeit.

Ich mache mir große Vorwürfe, weil ich nun erkenne, dass diese Stimme vor der Heirat die Stimme Gottes war, die mich auf etwas aufmerksam machen wollte. Ich werfe mir vor, dass ich vielleicht doch zu wenig intensiv und tief genug geprüft habe, »bevor ich mich ewig band«. Ich fühle mich meinem Mann gegenüber schuldig, dass ich ihm das Ja-Wort gegeben habe und mitverantwortlich für unser Scheitern bin. Es tut weh.

Ich suche in der nächstgelegenen größeren Ortschaft eine Wohnung für mich und die Kinder. Denn eines ist klar: Wie immer es mit unserer Ehe weitergeht – in dieses Leben kann ich nicht zurück. Für die Kinder ist es besonders hart, die geliebte Umgebung zu verlassen. Doch kehrt auch bei ihnen die Lebensfreude zurück, als sie realisieren, dass ich mich wieder besser fühle.

Auf beiden Seiten ist da auch viel Erleichterung. Gesundheitlich geht es mir bald besser. Veränderung gibt es auch bei meinem Mann. Nach ein paar Monaten teilt er mir mit, dass er unsere Ehe nicht mehr fortsetzen will.

Ich bin erschüttert darüber, dass es keinen gemeinsamen Weg mehr für uns gibt. Doch bleiben wir beide Eltern unserer Kinder. Weihnachten, Geburtstage und andere Familienfeste feiern wir weiterhin gemeinsam. Wir kochen und essen immer wieder miteinander, damit die Kinder trotz allem Schweren eingebunden bleiben in ein Familiengefüge.

Aufbruch in ein neues Leben

*Psalm 126,1–5: »Als der Herr das Los der Gefangenschaft
Zions wendete, da waren wir alle wie Träumende. Da
war unser Mund voll Lachen und unsere Zunge voll Jubel.
Da sagte man unter den andern Völkern: ›Der Herr hat
an ihnen Großes getan‹. Ja, Großes hat der Herr an uns
getan. Da waren wir fröhlich. Wende doch, Herr, unser
Geschick, wie du versiegte Bäche wieder füllst im Südland.
Die mit Tränen säen, werden mit Jubel ernten.«*

Der Abschied von den Tieren und dem Hof fällt uns allen nicht
leicht. Wir ziehen in Stadtnähe und leben vorerst in einer großen Wohnung in einem Bahnhofsgebäude. An den Wochenen-
den höre ich nachts die Jugendlichen auf dem Gelände lachen
und singen, es klingt fröhlich und schön. Ich genieße das Leben
um uns herum.

Für die Kinder ist es in vielerlei Hinsicht ein Aufbruch in ein
neues Leben. Mit Neugierde entdecken sie Dinge, denen sie in
ihrer bisherigen Heimat, einem Bergbauerndorf, nicht begegnet
sind. Besonders beliebt ist vom ersten Tag an der Fotoautomat
gleich um die Ecke. Zum Geburtstag schenken sie mir ein Bild
mit allen vier Köpfen in der Kabine samt Katze auf kleinem
Raum!

Sie haben nun zum ersten Mal jedes ein eigenes Zimmer,
spielen immer noch viel miteinander und sind voller fantasti-

scher Einfälle. Eines ihrer Lieblingsmärchen ist das von Frau Holle. Ich erzähle es ihnen immer wieder. Vielleicht einmal zu viel? Einmal höre ich nach dem Einfahren des Zugs auffallendes Gelächter der aussteigenden Passagiere. Ich trete ans Fenster, um zu schauen, was los ist. Und sehe mitten im Sommer Schneeflocken tanzen! Mein jüngster Sohn wollte es Frau Holle gleichtun und schnitt mit einer Schere seine Bettdecke auf, deren Inhalt er nun über das Bahnhofsgelände schneien lässt.

Ich spüre Neugierde und Interesse in mir. Vieles finde ich spannend, möchte ich ausprobieren und erleben. Das Leben in der Abgeschiedenheit war eine wichtige Lebensphase, dank der Nähe zur Natur konnte ich viel lernen und mir aneignen. Daran zweifle ich keinen Moment. Aber ich fühle mich auch ausgetrocknet, ich will Neues sehen und lernen. Ich lese ein Buch von Pfarrer Ernst Sieber, dem Obdachlosenpfarrer, und weiß: Ich will auf dieses Drängen hin zu Gott, das er so treffend beschreibt, hören.

Immer mehr entdecke ich auch einen neuen Wesenszug an mir: Wenn ich etwas mache, dann ganz. Ich tauche ein in diese Welt, sauge sie ein, atme sie, mache sie mir zu eigen, dann tauche ich wieder auf und gehe weiter. Mein Leben ist kein kontinuierlicher Weg, sondern eher ein Treppensteigen: Jede Phase meines Lebens ist eine Stufe, die ich nach einer gewissen Zeit vollständig zurücklassen muss, um weiterzugehen. Von meinem Umfeld höre ich immer wieder, dass ich »radikal« sei und zu »allem oder nichts« tendiere. Ich erkenne, wie sehr das stimmt, und es tut mir für die Menschen, die mit mir zusammenleben, auch leid, doch merke ich – je länger, je mehr –, dass ich von einer gewissen Radikalität in meinem Leben nicht weichen kann. Sie ist eine Art Überlebensstrategie geworden.

Ich bin in meiner intensiven Art wohl oft anstrengend und unbequem für andere. Diese Erkenntnis versöhnt mich zunehmend auch mit meiner Kindheit und hilft mir, Frieden zu finden und zu vergeben – auch mir selbst. Versöhnung und Frieden finden kann ich unabhängig davon, ob die anderen Menschen mit mir Frieden schließen und die Versöhnung annehmen wollen oder nicht. Das macht mich glücklich und frei.

Ab auf die Bühne!
Das Abwerfen von Ballast lässt anderes in den Vordergrund treten. Ich ergreife die Gelegenheit, bei einer Theaterproduktion mitzuspielen. Vom Regisseur werde ich zum Vorsprechen eingeladen. Per Post erhalte ich einen Text, den ich vorbereiten soll. Es sind auch andere da, die schon viele Erfahrungen mitbringen, wie sie mir beim Warten erzählen. Als ich aufgerufen werde, bin ich entmutigt, denn ich habe nichts vorzuweisen. Der Regisseur will, dass ich die Rolle einer Nonne spiele. Anschließend meint er: »Wenn du den Kaugummi aus dem Mund nimmst, ist es perfekt.« Wir lachen und ich freue mich, dass er mich in sein Freilichtstück aufnimmt. Theaterluft zu schnuppern macht mir großen Spaß. Ich bin traurig, als die Spielzeit vorüber ist.

Nur kurze Zeit später ruft mich ein anderer Regisseur an und fragt, ob ich für ein Nummernkabarett vorsprechen möchte. Ich bin sprachlos und ganz aufgeregt. Da wird getanzt, gesungen und geschauspielert, was das Zeug hält. Auch in diesem Ensemble bekomme ich einen Platz. Es folgt eine intensive Zeit des Probens mit erfahreneren Schauspielern. Ich erhalte sehr viel Unterstützung. Überrascht stelle ich fest, wie intensiv der Teamgeist in der Theaterwelt gepflegt wird. Die Abhängigkeit auf der Bühne ist groß, ohne Vertrauen geht das nicht.

Ein Regisseur bietet mir Schauspielunterricht an, gleichzeitig trete ich auf verschiedenen (Laien-)Bühnen auf: Theater, Kabarett und in Opern. Wenn in einem Engagement Kinder vorkommen, dürfen auch mal meine mitspielen. Ich beginne selbst Nummern und Sketche zu schreiben, komponiere kleine Lieder und Raps, vertiefe Rollen, die ich fest in mein Repertoire aufnehme. Ich entdecke eine neue Welt.

Neue Liebe und Spiritualität

Nach zwei Jahren habe ich mich als alleinerziehende Mutter in meinem neuen Leben allmählich eingefunden, als ein neuer Mann in mein Leben tritt. Er ist mir im Dorf schon ab und zu aufgefallen, mit seinen schönen langen Haaren, seiner Charakternase und den dunkelbraunen Augen. Jetzt, da ich neu im Vorstand einer Freilichtbühne bin, habe ich mit ihm plötzlich auch persönlich zu tun, da er als Grafiker die Publikationen für die Theateraufführungen gestaltet.

Wegen eines grafischen Auftrages suche ich ihn in seinem Atelier auf. Er bittet mich herein und bietet mir einen Kaffee an. Das Geschäftliche ist schnell besprochen. Wir wechseln zu privaten Themen, das Gespräch geht schnell in die Tiefe, wir reden über unser Leben und den Glauben. Viele Gemeinsamkeiten und ähnliche Einsichten fallen uns auf. Wir vergessen die Zeit, der Abschied ist abrupt, denn ich muss wegen einer anderen Verpflichtung weiter.

Wochenlang hören wir nichts voneinander, bis wir uns zufällig bei einer Ausstellung wiedersehen, die ich zusammen mit meinen Kindern besuche. Dabei werden auch seine Cartoons gezeigt, die mich in ihrer Ironie und dem Sarkasmus ansprechen. Wir freuen uns beide sehr über das Wiedersehen und beschließen, bei nächster Gelegenheit zusammen ein Glas Wein zu trinken.

Der Moment kommt bald, dass meine Kinder über das Wochenende bei ihrem Vater sind und wir zusammen ausgehen können. Es wird ein sehr schöner Abend. Seit langer Zeit habe ich nicht mehr so gelacht. Wir übertreffen uns mit Scherzen und stellen fest, dass wir einen ähnlichen Sinn für Humor haben. Von diesem Abend an treffen wir uns regelmäßig. Wir unternehmen allerlei zusammen – mal mit, mal ohne Kinder – und lernen uns tiefer kennen. Der Wunsch nach einer gemeinsamen Zukunft wird wach. Ich spreche mit meinem ehemaligen Mann, er hat nichts dagegen einzuwenden, dass ich eine neue Beziehung eingehe.

Auch von kirchlicher Seite her spricht nichts dagegen – wir sind beide evangelisch-reformiert. Zusammen mit meinem neuen Mann lese ich die Bibel. Es quälen uns auch Schuldgefühle wegen unserer gescheiterten Ehen. Wir lesen viel darüber und suchen schließlich auch einen Pfarrer der evangelisch-methodistischen Kirche auf, um in dieser Frage eine geistliche Begleitung zu haben. Er spricht uns die Vergebung zu aufgrund der biblischen Stelle, wo Paulus an die Korinther schreibt: »Wenn aber der Ungläubige sich trennen will, soll er es tun. Der Bruder oder die Schwester ist in solchen Fällen nicht wie ein Sklave gebunden; zu einem Leben in Freiheit hat euch Gott berufen.«

So zu einem Neuanfang befreit bittet mich der neue Mann in meinem Leben, seine Frau zu werden, und schenkt mir einen wunderschönen Ring mit einem Diamanten. Ich bin überwältigt. Die Zusage des Pfarrers und die neu sich entwickelnde Familie sind für uns alle heilend. Die Kinder mögen ihren neuen »Papa«, ohne dass die Zuneigung zum leiblichen Vater geschmälert wird. Nach wie vor feiern wir Weihnachten und die Geburtstage alle miteinander. Eine Herausforderung, die aber mit gutem Willen von allen Seiten als Zeichen der Versöhnung und des Neubeginns gemeistert werden will.

Mein neuer Ehemann schenkt mir viel Nähe und kann sie gut zulassen. Dadurch werden Wunden aus Kindertagen bei uns beiden geheilt. Nächtelang diskutieren wir über das Leben und den Glauben an Gott. Gemeinsam lesen wir die Bibel, beten und halten Andachten zusammen mit den Kindern. Wir treten der Heilsarmee bei und engagieren uns dort als ganze Familie mit Feuereifer. Die neue Gemeinschaft gefällt uns, weil sie zugleich eine Heiligungsbewegung nach innen und eine Evangelisationsbewegung nach außen ist. Ich lerne dort das konsequente Gehen mit Gott in Nüchternheit und auch die Bedeutung des Gebetes kennen, zugleich ist im Sinne eines »tätigen Gottesdienstes« auch die Diakonie wichtig. Die Heilsarmee hat verschiedene Sozialprojekte, in denen wir uns ebenfalls engagieren. Wir gehen in Altersheime, um zu singen, machen als Heilssoldaten bei der Topfkollekte mit und freuen uns, dabei zu sein.

Das innere Ringen geht weiter

Trotz glücklichen Familienlebens und fröhlichen Zusammen-
seins nagt tief im Innern weiterhin die Frage nach der Richtig-
keit meines Lebens und nach der Gültigkeit meiner Ehe: Obwohl es mir als evangelischer Christin gestattet ist, mich auf eine
weitere Ehe einzulassen, beschäftigt mich doch das Dogma zu
»Scheidung und Wiederheirat« der römischen Kirche.

In mir drin streiten sich zwei Aussagen. Auf der einen Seite
sehe ich das Sakrament der Ehe als Zeichen von Gottes untrenn-
barer Treue zu seinem Volk und jedem einzelnen Menschen.
Aber was ist, wenn die Menschen scheitern? Müssen Eheleute
wirklich beieinanderbleiben, auch wenn das gemeinsame Leben
nur noch Überforderung ist? Wer soll darüber richten?

Ich denke an die Aussage Jesu: »Wer ohne Sünde ist, werfe
den ersten Stein«. Im apostolischen Glaubensbekenntnis sprechen wir Sonntag für Sonntag: »...ich glaube an den Heiligen
Geist, die heilige katholische Kirche, Gemeinschaft der Heiligen, Vergebung der Sünden und das ewige Leben, Amen.« Dabei
denke ich für mich und alle anderen, die in ihrem Leben scheitern: Barmherzigkeit für alle, welche in der Liebe versagen.

Worin liegt meine Berufung?

Ich lebe mittlerweile mit meiner neuen Familie in einem wun-
derbaren Landhaus. Mit Freude und Lust richten wir es mit
passenden Möbeln aus Antiquitätengeschäften ein; im geräumi-
gen Wohnzimmer mit Parkettboden hängt ein goldener Spie-
gel – ich fühle mich wie in einem Schloss! Es gibt im ganzen
Haus viele große Fenster, die Zimmer sind hell. Großartig ist die

Küche mit schönen Fliesen und einem für mich ganz neuen Luxus: Zum ersten Mal verfüge ich über einen Geschirrspülautomaten! Daran kann ich mich gut gewöhnen! Auch gibt es genügend Badezimmer für uns alle.

Die erste Weihnachtsfeier in diesem Haus wird zu einem ganz besonderen Fest: Noch nie hatten wir einen so großen Tannenbaum zu schmücken und zu bestaunen! Wir genießen diesen Ort, erfreuen uns an all dem Schönen. Und doch: Zunehmend bereitet es mir Mühe, so zu leben. Immer wieder denke ich an all die Menschen, die nicht einmal das Nötigste zum Leben haben – und wir sitzen hier in einem solchen Luxus! Die Frage nach dem Sinn des Lebens und nach Gerechtigkeit nagt an mir. Liegt die Bedeutung des Lebens nicht tiefer als in der Erfüllung durch ein schönes Haus mit passender Inneneinrichtung?

Ich erinnere mich, wie ich mich als Jugendliche jeweils an Heilig Abend unwohl fühlte, wenn wir in der Familie Fondue Bourguignonne aßen und mir die Not bei so vielen Menschen in der Welt in den Sinn kam, die unter Armut, Kriegen und Hunger litten. Es verschlug mir jeweils den Appetit, was nicht gerade zur guten Stimmung beitrug. Meine Eltern und mein Bruder fanden, ich sei verrückt. Plötzlich wurden auch in meinem aktuellen Leben diese Fragen wieder drängend. Es ist mir wichtig, etwas von unserem »reichen« Leben auch mit anderen teilen zu können.

Das Leben nimmt eine Wende, als wir überraschend gezwungen sind, erneut den Wohnort zu wechseln. Zusammen mit meinem Mann erwerbe ich ein altehrwürdiges Holzhaus aus dem Jahre 1750. Wegen der speziellen Bauweise des Daches, eines sogenannten Bohlenständerbaus, und der bemalten Fassade steht es unter Denkmalschutz. Die Größe des Hauses ermöglicht es uns, dreimal in der Woche den Schulkindern einen Mittagstisch anzubieten. Die Kinder sollen sich hier während der Mittagspause mit einer Mahlzeit stärken und sich im Spiel etwas erholen können, bevor es am Nachmittag wieder in die Schule geht. Manche Kinder kommen auch sonst in der Freizeit oder am Wochenende gerne zu uns. Wir veranstalten dann zusammen Ausflüge in der Umgebung und gehen an den Fluss bräteln.

Wir feiern als Familie mit Bekannten christliche Andachten, zu denen auch Menschen kommen, die wir nicht persönlich kennen, und das hat folgenden Grund: Zu unserem Haus gehören eine Werkstatt und ein Ladenlokal, das der frühere Besitzer als Schuhmacherei benutzt hat. Es reizt uns, das Schaufenster als schmucken Hingucker zu gestalten. Wir platzieren biblische Losungssprüche und dekorieren die Auslage mit viel Fantasie – mit dem Nebeneffekt, dass uns auch Leute besuchen, die zufällig vorbeispazieren und sich von unserer Idee angesprochen fühlen.

Während für mich die Öffnung gegenüber Menschen auch außerhalb der Familie wichtig ist, wird meinem Mann der zunehmende Rummel zur Belastung. Wir müssen nach einem Weg suchen, der für uns beide passt.

Erste Berufung

Es ist an einem ganz gewöhnlichen Wochentag. Ich sitze in unserem Grafikatelier und bin am Zeichnen. Da höre ich eine Stimme, die zu mir spricht: »Ich möchte, dass du deine Arbeit niederlegst und ein Leben des Gebets führst.« Ich reagiere ablehnend und weise die Anfrage weit von mir: »Nein! Ich will das nicht! Was soll das!? Was heißt ein ›Leben des Gebets‹?« Alles in mir wehrt sich dagegen. Viel zu sehr gefallen mir die kreative Arbeit im Atelier und die Aufgabe mit den Kindern und den Menschen. Das macht mir Spaß, ich will nichts davon hergeben.

Drei Tage ringe ich mit mir. Dann sitze ich mit der Bibel auf meinen Knien auf der Kante des ehelichen Bettes und ergebe mich. Obwohl ich keine Vorstellung davon habe, was Gott mit mir vorhat, erkenne ich seine Hand, die er mir hinhält und die mich mitnimmt in eine neue Welt. Ich lerne, mich ihm ganz hinzugeben, einfach nur zuzuhören, was er mir zu sagen hat. Dann lerne ich auch, mich auszudrücken – was ich ihm sagen möchte. Ebenfalls lerne ich, für Menschen zu beten, die mir Schwierigkeiten bereiten.

Manchmal schweige ich. Während der Stille und des Schweigens vor ihm werden mir durch innere Bilder, »Filme«, Aufträge zum Gebet gegeben. Auch wenn ich vielleicht nicht sofort begreife, knie ich mich hin und bete, so wie ich verstanden habe. Er führt mich während des Gebetes, oder ich erkenne später, was damals geschehen ist und wie er mein Gebet erhört hat.

Wieso immer diese Angst?

Mich beschäftigt, warum ich damals in meiner Jugend so krank war, unter so vielen Ängsten gelitten und mich davor gefürchtet habe, dass mich jemand umbringen will. Ich bete und bitte Gott um Antwort. Da geht mir mit einer großen Klarheit auf: »Du littest darunter, weil du in Wirklichkeit erlebt hast, dass dich jemand töten wollte.« Ich vermute, dass die Antwort auf diese Frage ganz am Beginn meines Lebens liegt. Ich frage meine leibliche Mutter. Vielleicht kann sie mir auf diese Frage, die mich umtreibt, eine Antwort geben? Meine Mutter beginnt auf meine Frage hin erst stockend, dann immer klarer die schreckliche und traurige Wahrheit über mich als Ungeborenes zu enthüllen:

Niemand war erfreut, als ich mich ankündigte. Meine Mutter war mit der Schwangerschaft und der Tatsache, dass sie ein Kind – mich – erwartete, maßlos überfordert. Meinem Vater, nur ein halbes Jahr älter als sie, ging es genauso. Seine Mutter hat meiner Mutter Geld in die Hand gedrückt, damit sie mich abtreiben lassen solle. Die Mutter meines Vaters wollte keine Enkelin, die nicht standesgemäß war.

Doch meine Mutter schrie sie an: »Ich treibe doch mein Kind nicht ab!« So blieb ich in ihrem Bauch und sollte doch zur Welt gebracht werden. Mehr aus Trotz als aus Liebe. Als sich die Situation zuspitzte und sich meine Mutter immer mehr allein gelassen fühlte, versuchte sie kurz vor der Geburt, ihr und mein Leben mit Schlaftabletten und Alkohol zu beenden. Wir wurden rechtzeitig gefunden. Sie wurde in eine psychiatrische Klinik eingewiesen und ich kam nach der Geburt in ein Säuglingsheim.

Mein Vormund unterstützte meine leibliche Mutter, sie konnte im Kinderheim mitarbeiten und so in meiner Nähe sein. Die Abmachung lautete, sie dürfe mich zu sich nach Hause nehmen, wenn sie ein regelmäßiges Einkommen vorweisen könne. Doch schaffte sie das zu diesem Zeitpunkt nicht, daher wurde ich zur Adoption freigegeben und war fortan für sie unerreichbar.

Mit dem Unterzeichnen der Adoptionsformulare verzichtete sie auf alle Rechte als Mutter und versprach, niemals den Kontakt von sich aus zu suchen. Sie musste also warten und hoffen, dass ich mich von mir aus bei ihr meldete. Sie erzählt mir später, dass die Heilsarmee ihr das Angebot gemacht hätte, in einem der Mutter-Kind-Heime zu wohnen, das lehnte sie jedoch ab. Sie war einfach auf der ganzen Linie überfordert und zu jung, um die Verantwortung für ein Kind zu übernehmen. Später gesteht sie mir, ihre größte Angst sei gewesen, mit mir Schularbeiten machen zu müssen.

Vom Gebet überwältigt

Das Gebet spielt in meinem Leben nun eine immer wichtigere Rolle. Eines Tages spüre ich während des Betens, dass ich in ein Fasten geführt werde. Es trifft sich gut, die Kinder sind einige Tage in den Ferien, mein Mann arbeitet an einem größeren Auftrag und ist einverstanden, wenn ich mich in ein Schweigen zurückziehe und in den kommenden Tagen faste und bete.

Ich lese die Bibel und werde immer wieder still vor Gott, um zu hören, was er mir sagen will. Ich genieße die Stille vor ihm, das Schweigen, ab und zu die Gesänge – ich liebe es, ihm Loblieder zu singen, und genieße seine Gegenwart. Ein lieblicher Duft durchströmt den Raum – er erinnert mich an die Bibelstelle: »Wie Weihrauch steige mein Gebet vor dir auf.«

Ich sehe in meinem Inneren unser Haus; die Tür steht offen und viele Menschen strömen hinein, alte, junge, Kinder, Männer, Frauen, sie steigen die Treppen hoch, viele Treppen bis unters Dach, wo Christus steht. Er breitet seine Arme weit aus, weit übers Dach hinaus, und nimmt alle Menschen freundlich und liebend in Empfang.

Meine Sehnsucht, andern Menschen den »guten Hirten« nahezubringen, wächst ins Unermessliche. Ich möchte Gott so verkünden, wie ich ihn erlebe: als den Barmherzigen, Gnadenvollen und uns Menschen zutiefst Liebenden. Es lohnt sich so sehr, dass wir uns von ihm führen lassen, nicht zweifeln an seiner Güte und daran, dass er wirklich das Beste will für uns – die Fülle unseres Lebens und die wahrhaftige Liebe.

Mich schmerzt zutiefst, wenn Menschen umherirren, nicht weiterwissen, Angst haben, in Sorgen ersticken, in Finsternis sind, sich mit materiellen Wünschen zudecken und sich unkenntlich machen. Ich will mein Leben hergeben, als Opfergabe, damit Gott meine Gebete für die Menschen erhören wolle.

Ich bete das Gebet von Bruder Klaus:

Mein Herr und mein Gott – nimm von mir, was mich hindert zu dir!
Mein Herr und mein Gott – gib mir, was mich führt zu dir!
Mein Herr und mein Gott – nimm mich mir und gib mich ganz zu eigen dir!

Diese Worte bete ich, seit ich seine Biografie gelesen habe. Nun bete ich das Gebet mit Inbrunst täglich mehrere Male, ich will ganz dringend und unbedingt, dass Gott mich mir nimmt und sich meiner bemächtigt. Nur er kann meinem Leben Sinn verleihen und alles wohl und gut machen.

Immer mehr werde ich ins Gebet hineingezogen. Wenn ich auf seinen Ruf hin nicht eile und mich hinknie, bekomme ich starke Kopfschmerzen; ich beginne zu begreifen, dass Gott es sehr ernst meint mit mir und ich gehorchen und mich ihm vollständig hingeben soll. Ziehe ich mich auf seinen Ruf hin ins Gebet zurück, verfliegen meine Kopfschmerzen auf der Stelle. Vieles bewege ich vor ihm, was mir von Menschen anvertraut wird.

Gebete, die ich für andere spreche, werden erhört, wie mir zurückgemeldet wird. Ich staune über Gott und sein Wirken und Handeln. Aber auch mein eigenes Leben nimmt er in die Hand, macht es voll und heil. Er zeigt mir, wie er unsere Wunden und seelischen Qualen beurteilt: Ich sehe einen Tisch voller Schätze aus Gold, Silber, Perlen. Es ist, als verfügte ich über eine himmlische Schatzkammer, aus der ich im Namen Gottes für meine Mitmenschen schöpfen darf.

Ich bitte ihn, alles von mir zu nehmen und es mir oder andern in verwandelter Form wiederzugeben. Mein Leben soll Menschen wirklich und in Wahrheit dienen; ich will meine natürlichen Gaben hergeben, damit er sie verwandeln und mir an ihrer Stelle Geistesgaben schenken möge. Ich bin voll des Feuers und der Begeisterung für unseren Gott und Herrn, welcher Christus ist.

Nimm alles von mir, aber nicht meine Familie!

Es ist frühmorgens, als ich mich – noch im Bett liegend – mit Jesus unterhalte: »Du hast auf alles in meinem Leben deine Hand gelegt, alles von mir gefordert, was zu mir gehört hat, nur meine Ehe und Familie hast du mir gelassen.« Ich habe diesen

Gedanken noch nicht wirklich zu Ende gedacht, da spüre ich, dass er genau das in diesem Augenblick fordert: meine Ehe und Familie.

Sofort verdränge ich das Empfundene, zu schrecklich ist mir der Gedanke, vielleicht eines Tages nicht mehr bei meiner Familie zu sein. In diesem Moment kommt mein Mann zurück ins Schlafzimmer, bringt mir Kaffee. Es ist unser gemütliches Morgenritual, im Bett bei einer Tasse Kaffee den Tag zusammen zu besprechen und zu organisieren. Es ist das erste Mal, dass ich meinem Mann, den ich sonst an allem teilhaben lasse, was mir durch den Kopf geht, nichts erzähle. Ich versuche, diese Eingebung zu vergessen, und will mich nicht mehr daran erinnern.

Und dann folgt eine Zeit, in der ich verstumme und keine Worte des Gebets mehr finde. Keine Lieder berühren mich, kein Gottesdienst bringt mir Trost. Die Bibellektüre kommt mir trocken vor. Weltliches widert mich zutiefst an. Ich weiß nicht mehr weiter. Ich fühle mich dem Verzweifeln nahe. Beim besten Willen verstehe ich nicht, was da geschieht. Eine große Hilflosigkeit überkommt mich – ich fühle mich ohnmächtig, strecke meine Waffen, gebe auf.

Zwischen meinem Mann und mir wird's schwierig. Wir verstehen ja beide nicht, was da geschieht. Er wiederholt in einem unserer unzähligen, stundenlangen Gespräche, dass er sehr wohl meine Berufung erkenne, sich selber aber nicht auf diese Weise gerufen fühle. Er wolle nicht »alles« hingeben; zu gerne schaue er sich auch einmal einen weltlichen Film an oder wolle ein nichtchristliches Buch lesen. Er halte das alles nur aus, weil er erlebe, wie Gott in meinem Leben wirke. Er könne und wolle nicht mehr so viele Andachten mitmachen, nicht mehr so viele Lieder singen. Er könne mein Tempo nicht halten. Umgekehrt sehe ich für mich keine Möglichkeit, in mein »altes« Leben zurückzukehren. Wir streiten uns, die Missverständnisse häufen sich – es ist zum Verzweifeln!

Trotzdem bleiben wir einander wohlwollend zugeneigt. Mein Mann verurteilt mich nicht für den Ruf, den ich vernehme; ich für meinen Teil respektiere, dass es Menschen gibt, die nicht auf diese Weise berufen sind, sondern dort blühen und dienen sollen, wo sie gerufen werden. Ich lese Berufungsgeschichten in der Bibel und begreife, dass Jesus die einen in seine Nachfolge ruft und sie einlädt, alles zurückzulassen, um mit ihm zu gehen. Und dass er andere heimschickt, damit sie dort erzählen können, was Gott für sie getan hat, oder sie auch auffordert darüber zu schweigen.

Mein Mann und ich beginnen zu verstehen. Wir streiten nicht mehr; wir begegnen einander wieder mit Demut und Respekt. Wir erkennen, dass jeder als Gotteskind geliebt und gerufen ist, aber auf verschiedenen Wegen und in unterschiedlichen Diensten. Wir haben absolut keine Ahnung, wie dieser Weg aussehen und wohin er führen wird.

Wir leben von nun an in einer »Josefsehe«: Wir begegnen einander in Liebe, aber ohne den sexuellen Ausdruck, was in unserem Zusammenleben und den Gefühlen füreinander nicht immer einfach ist. Ein Priester erklärt mir, dass ich mich meinem Mann nun in ganz besonderer Weise zuwenden müsse, um ihm meine Zuneigung auch ohne Sexualität zu zeigen.

Die göttliche Liebe gilt zuerst und ganz besonders den nächsten Familienangehörigen. Wie sollen wir fremde Menschen wahrhaft lieben, wenn wir nicht einmal unserer Familie zutiefst liebend begegnen können? Einfach ist diese Zeit nicht, manchmal auch traurig – und doch: Friede zieht in unsere Herzen ein: Dies ist ein Zeichen, dass Gott auf unserem Weg mit dabei ist. Wir beziehen die Kinder in unsere Erkenntnisse mit ein, es scheint uns wichtig, dass wir alle gemeinsam unterwegs sind.

Konversion in die katholische Kirche

Der Drang, auch mein äußeres Leben in den Dienst Gottes zu stellen, wird immer größer. Schließlich bewerben wir uns für die Leitung einer Alterssiedlung, für die wir aus 100 Bewerbenden ausgewählt werden. Wir freuen uns auf die neue Aufgabe. Meine drei älteren Kinder sind inzwischen erwachsen und befinden sich in der Ausbildung. Nur der Jüngste geht noch zur Schule und wohnt bei uns.

Es ist ein ganz gewöhnlicher Wochentag, die Migros-Zeitung liegt mit der Morgenpost im Briefkasten. Auf der Frontseite eine tanzende Nonne. Ich lese mit großem Interesse den Artikel und weiß sofort: »Da, in dieses Kloster, muss ich auf der Stelle hin!« Ich eile zum Telefon und frage die Schwester am anderen Ende des Apparats, ob ich die Gemeinschaft als Gast besuchen darf. Als sie positiv darauf eingeht, fühle ich mich wie im siebten Himmel. Wir machen einen Termin ab, zu dem ich das Kloster für eine Woche besuchen kann.

Als ich dort ankomme, geht das große Staunen los! Ich kann nicht aufhören, die Schwestern zu beobachten, und denke: »Sie leben genau das, wonach ich mich tief in meinem Innern sehne.« Ich bin zutiefst aufgewühlt und verwirrt. So viel Neues!

Die Marienfrömmigkeit, die Heiligen und die Eucharistiefeier! Wie aufgeregt bin ich, als ich zum ersten Mal in dieser Form Jesus Christus begegnen darf. Groß ist die Ehrfurcht, als ich erstmals von der Hostie koste. Alles wühlt mich so auf, dass ich krank werde und meine Ferien im Kloster vorzeitig abbrechen muss.

Ich versuche das Erlebnis im Kloster als eine interessante Erfahrung in meinen Erinnerungen abzulegen und zu verdrängen. Doch die in mir aufkommende Faszination für den katholischen Glaubensweg, die Mystik, die Marienfrömmigkeit treibt mich um.

Im Gespräch mit meinem Mann treffe ich die Entscheidung, dass ich einen Priester konsultiere, um mit ihm über einen möglichen Übertritt in die katholische Kirche zu sprechen. Schnell wird mir klar, dass ich konvertieren möchte. Ich besuche nun regelmäßig den katholischen Gottesdienst und beginne mit dem Firm-Unterricht. Ein Jahr später werde ich in der Osternacht gefirmt und in die römisch-katholische Kirche aufgenommen. Die Freude ist riesig. Meine ganze Familie begleitet mich bei diesem Schritt.

Sogar meine kleine Enkelin, die einige Monate zuvor auf die Welt gekommen ist, feiert mit mir. Alexandra Franziska heißt sie. Ich hatte die große Freude und Ehre, bei der Geburt mit dabei zu sein. Während meine Tochter in den Wehen liegt, wechseln die Hebamme und ich uns ab mit Massieren und Trösten. Nach einigen Stunden kommt das kleine Mädchen zur Welt. Nach der Geburt gibt es Komplikationen, und meine Tochter muss operiert werden. In dieser Zeit halte ich die kleine

Erdenbürgerin in den Armen und wir führen im Nebenraum Zwiesprache.

Sehnsucht nach dem klösterlichen Leben

In der Zeit vor meiner Firmung lerne ich auch zu beichten. Ich besuche einen Priester zum Beichtgespräch und erzähle ihm von meinem Weg. Er fragt mich, ob ich mir noch nie überlegt hätte, in ein Kloster einzutreten. Ich wehre diese Idee ab und sage ihm, dass dies auf keinen Fall infrage komme, weil ich verheiratet sei und Kinder habe. Darauf meint er: »Wenn Gott so sehr ruft, ist das eine Verpflichtung; Sie werden sich dem stellen müssen.«

Die Bemerkung des Priesters lässt mir keine Ruhe, und ich entscheide mich für den Aufenthalt in einem Benediktinerinnenkloster. Ich werde als Gast aufgenommen, darf mich jedoch nur außerhalb der Klausur aufhalten. Doch bete und arbeite ich dort mit, was mir in mancherlei Hinsicht gut gefällt. Gleichzeitig wird mir auch klar, dass ich nicht hierhergehöre – ohne genau zu wissen, wohin meine Berufung führt.

Auch besuche ich weiterhin regelmäßig jene spirituelle Frauengemeinschaft, die ich als Erstes aufgesucht habe. Die dort gelebte Offenheit spricht mich an, die Freundlichkeit der Schwestern tut mir zutiefst wohl. Ich kann mir gut vorstellen, in dieser Gemeinschaft zu leben und hier meine Talente und Begabungen einzubringen.

Meine Berufung drängt immer mehr nach einer Form. An etwas anderes als eine Gemeinschaft denke ich nicht. Doch bin ich nach wie vor verheiratet und in meine Familie eingebunden, sodass ich mich in meinen weiteren Schritten nicht einfach frei fühle. Dies spreche ich auch an, als ich von der Gemeinschaft eingeladen werde, um einen Eintritt zu prüfen.

Weil ich mich ständig um Ehrlichkeit und Transparenz bemühe, spreche ich auch darüber, wie schwierig diese Zeit im Moment für mich und für meinen Mann ist. Wir wissen nicht, wie es mit uns weitergeht, wir streiten uns, weil uns meine Berufung sehr zusetzt. Die Mutter Oberin erwidert mir, dass die Kirche einer verheirateten Frau nur dann den Eintritt erlaube, wenn der Ehemann auch in eine klösterliche Gemeinschaft oder kirchliche Berufung eintrete. Daher komme für mich ein Eintritt nicht infrage. Ich leide sehr unter diesem negativen Bescheid. Doch verstehe ich auch, dass ich meinen Weg fürs Erste selber suchen und finden muss.

Ich fühle mich weiterhin als Nomadin, unterwegs in unerfüllter Mission. Ich suche das Gespräch mit weiteren spirituellen Gemeinschaften, die mich jedoch mit einer dogmatischen Welt konfrontieren, in die ich vermutlich doch nicht hineinpasse. Als Folge davon entschließe ich mich zum Theologiestudium auf dem dritten Bildungsweg, um danach als Pastoralassistentin tätig sein zu können. Doch auch hier werde ich schon nach kurzer Zeit enttäuscht, weil ich erfahre, dass ich – weil die erste Ehe meines zweiten Mannes nicht annulliert werden kann – kein Praktikum innerhalb der katholischen Kirche werde machen können. Dadurch bin ich gezwungen, das Studium abzubrechen. Das ist bitter. Für den Moment weiß ich nicht weiter.

Die Anstellung in der Alterssiedlung haben wir gekündigt. Ich miete eine kleine Wohnung und übe mich als Zivilperson Schritt für Schritt ins Leben einer Stadteremitin ein. Die Sehnsucht nach meinem Mann ist groß, und wir erleben noch einmal einen wunderbar romantischen Winter zusammen. Doch im darauf folgenden Frühjahr wissen wir beide, dass Gott mich ruft.

Ich miete nun an einem anderen Wohnort eine Wohnung. Dort lege ich vor Zeuginnen meine ersten Gelübde ab. Von diesem Zeitpunkt an trage ich meine neue Kleidung, den Schleier und meinen neuen Namen.

Regeln für mein neues Leben wachsen und entstehen. Ich schreibe sie auf, lege sie dem Bischof vor, er heißt sie gut, und wir planen die Feier für das Ablegen meiner Gelübde in seine Hände als Stellvertreter Gottes und der katholischen Kirche. Dieses Fest bedeutet mir sehr viel. Von da an trage ich einen silbernen Ring, darin steht geschrieben: J H S – Jesus Hominum Salvator, was so viel heißt wie: »Jesus, Retter der Menschheit«. Daneben sind die Daten der beiden Gelübde eingraviert.

Der Weg zur Eremitin

Galater 5,1: »Zur Freiheit hat uns Christus befreit.
Bleibt daher fest und lasst euch nicht von neuem das
Joch der Knechtschaft auflegen!«

Ich lebe nun seit zwei Jahren als Stadteremitin in einer kleinen Stadt. Es wühlt in mir. Das Bedürfnis, meine Gaben mit anderen Menschen zu teilen und in den Dienst der Gesellschaft zu stellen, wird immer stärker. Als Christin habe ich ein tiefes Selbstverständnis, zu den Menschen zu gehören, sei es in der Begegnung und Auseinandersetzung mit dem Gegenüber oder im Sinne der Diakonie, den Menschen in Not beizustehen und ihnen Wegbegleiterin auf ihrem geistlichen Weg zu sein. Vielleicht ist das mein evangelisch-reformiertes Erbe, das immer wieder durchbricht?

Ich entscheide mich, eine Stelle in der Pflege anzunehmen, um auf diese Weise neben dem Gebet im Dienste des Nächsten zu stehen. Leider muss ich diese Arbeit bereits wieder während der Probezeit kündigen – es ist mir nicht mehr möglich, in der leistungsorientierten Arbeitswelt, wie sie sich heute auch in sozialen Berufen präsentiert, tätig zu sein. Diesen Alltag mit der Berufung zum Gebet zu verbinden ist unmöglich geworden.

Es ist zum Verzweifeln! Wie weiter? Ich harre auf Gott, der mir helfen wird. Denn es geht bei der Frage nach der richtigen

Lebensform ja auch um materielle Belange: Wie bezahle ich mein Essen, meine Krankenversicherung und meine Wohnung? Im Internet gebe ich auf einem Immobilienportal den Mietpreis ein, den ich mir für eine Wohnung leisten kann. Diese Suche führt mich schließlich in ein Bergdorf im Kanton Graubünden, wo ich von den Vermietern und dem ganzen Dorf mit gerade mal vierzig Einwohnerinnen und Einwohnern herzlich aufgenommen werde.

Ich richte mich in meinem neuen Zuhause ein. Die drei mittleren Stunden-Gebete des Tages – Laudes, Mittagshore, Vesper – darf ich in der Dorfkirche singen; das erste Gebet, die Vigil, und das letzte, die Komplet, bete ich in meiner Wohnung. Ich besorge mir Materialien, um das rätoromanische Idiom »Sursilvan« zu lernen. Die Leute vom Dorf sind sehr freundlich und scheinen sich über meine holprigen Versuche des Grüßens in »Rumantsch« zu freuen.

Daneben male ich viele Engel, marschiere durch die Berggegend und den Wald; es ist sehr schön, ich kann mich kaum sattsehen an der Umgebung. Es folgt ein langer Winter mit viel Schnee. Groß ist die Freude, als es endlich taut und der Frühling Einzug hält.

Bewerbung als Einsiedlerin in der Verenaschlucht

Es ist April 2014. Mein ehemaliger Mann ruft mich an. Wir haben vieles zu bereden und einander zu berichten. Er erzählt, dass er auf folgendes Inserat gestoßen sei:

Sind Sie eine idealistisch gesinnte, kirchennahe Person, welche Freude hat an Begegnungen mit Menschen? Für die Einsiedelei St. Verena in Rüttenen bei Solothurn suchen wir per 1. Juli 2014 oder nach Vereinbarung

Eine Einsiedlerin oder einen Einsiedler

Das vielfältige Aufgabengebiet eignet sich für eine offene und kommunikative Person, welche gewillt ist, wenn möglich, ganzjährig in der Klause zu wohnen. Körperliche und psychische Belastbarkeit werden vorausgesetzt. Zu den Aufgaben gehört nebst Hauswart- und Sakristanen-Diensten auch der Kontakt zu den zahlreichen Besucherinnen und Besuchern.

Weitere Auskünfte erteilt Ihnen gerne der Bürgergemeindepräsident. Ihre Bewerbung senden Sie bitte an das Präsidium der Bürgergemeinde Solothurn.

Einige Zeit zuvor habe ich meinem ehemaligen Mann anvertraut, dass ich gerne eine bestehende Einsiedelei mit einer eigenen Kapelle übernehmen möchte. Doch habe ich mir immer vorgestellt, dass ich dafür ins Ausland gehen muss, da es in der Schweiz kaum mehr solche Eremitagen gibt.

Wie er mir gesteht, hat er lange gezögert, ob er mir von diesem Inserat überhaupt erzählen soll. Denn er weiß, dass ich mich an meinem neuen Wohn- und Lebensort so wohlfühle wie nirgendwo in den letzten Jahren als Eremitin. Wieso also bereits wieder ein Aufbruch? Doch er kennt mich und denkt, dass ich für die Einsiedelei St. Verena mit ihren besonderen Herausforderungen genau die Richtige sein könnte! Dass er sich auch in diesem Moment Gedanken macht über mich, meine Berufung, mein Leben – dafür bin ich ihm sehr dankbar!

Die Beschäftigung mit diesem Inserat und meiner Bewerbung versetzt mich in Aufregung. Die Verenaschlucht! Ich lese Berichte über diesen Ort, auch von den mit dieser Aufgabe verbundenen Schwierigkeiten. Ich denke darüber nach und recherchiere weiter.

Soll ich mich wirklich bewerben? Soll ich es wagen? Kann ich den vielseitigen Anforderungen und Erwartungen gerecht werden? Kann ich die täglichen Herausforderungen annehmen? Die Arbeit zur allgemeinen Zufriedenheit erledigen? Wie ist es in der Nacht? Werde ich mich fürchten, allein in der Schlucht? Und wenn ein starkes Gewitter aufzieht? Ich entscheide mich trotz allen Zweifeln dafür, die Bewerbung zu schreiben, sie abzuschicken und alles weitere meinem Herrn und Heiland zu überlassen. Will er mich dort, wird er die Türen öffnen und mir auch helfen, mit allem klarzukommen.

Zuerst gilt es aber auch noch die formellen Hürden eines Bewerbungsschreibens zu bewältigen, schließlich ist das für mich keine Routineangelegenheit: Wie komme ich an einem Ort ohne Fotoautomat zu einem Passfoto? Wie soll ich mein Leben beschreiben? Bei der Gestaltung werde ich kreativ, um eine Facette meiner Persönlichkeit sichtbar zu machen. Ein selbstgemaltes Bild der Heiligen Verena in Orangetönen ziert das Dossier. Betend werfe ich den Umschlag in den Briefkasten – und das große Warten beginnt.

Als ich schon gar nicht mehr mit einem positiven Bescheid rechne, klingelt mein Handy. Ein Herr Wyniger meldet sich:

»Spreche ich mit Schwester Benedikta?« Er sagt mir, dass er mich gerne zu einem Gespräch einlade, damit die Wahlkommission der Bürgergemeinde mich kennenlernen kann.

Ich bin zum Vorstellungsgespräch eingeladen worden! Sofort werden die Personen meines Vertrauens angerufen. Sie freuen sich mit mir. Wie schön, Menschen im Leben zu haben, die mitfiebern.

Ich beschließe, dass ich mir vor dem Vorstellungsgespräch die Einsiedelei anschauen möchte, und plane eine Reise dorthin. Meine älteste Tochter, die schon einmal die Schlucht besucht hat, möchte mich begleiten. Wir freuen uns auf den gemeinsamen Ausflug, ein äußerst seltenes Vergnügen seit dem Ablegen meiner Gelübde.

Erstmals in der Verenaschlucht

Wir reisen mit dem Zug nach Solothurn und von dort mit dem Bus nach Rüttenen. Das erste Mal betrete ich die Schlucht der Heiligen Verena. Ich bin auf Anhieb wie gebannt von diesem schönen, mystischen Ort. Die idyllischen Bächlein haben es mir ganz besonders angetan. Einige Kerzen säumen den Weg, es wirkt schier verwunschen. Neben dieser Verzauberung meldet sich sogleich auch meine nüchterne Seite: Wie lang dauert der Weg? Wo gehe ich einkaufen? Wie lebt es sich da im Winter, wenn es frühzeitig dunkel wird?

Ehe wir uns versehen, stehen wir vor der Einsiedelei. Die Klause und die beiden Kapellen sind mir von den Bildern im Internet vertraut, aber als ich davorstehe, wirkt das Ganze auf mich noch viel imponierender. Mein Herz klopft schneller, wenn ich mir vorstelle, dass ich vielleicht tatsächlich hier einst wohnen werde.

Meine Tochter und ich nehmen den Ort gemeinsam in Augenschein, diskutieren und analysieren alles genau. Wir beäugen die Menschen, die vorbeispazieren, und ich staune, dass bereits um elf Uhr am Vormittag so viele Leute da sind. So kann ich mir eine ungefähre Vorstellung vom »Ansturm« der Besuchenden machen. Die Glocke der Martinskapelle läutet und ich freue mich über den feierlichen Klang.

Bei unseren Rundgängen treffen wir auf zwei Frauen, die den Schlucht-Weg säubern. Ich danke ihnen dafür, denn alles ist sauber und wirkt gepflegt. Wir unterhalten uns ein wenig, da fragt mich die eine, ob ich die neue Einsiedlerin sei. Ich antworte, dass die Vorstellungsgespräche am Laufen seien und die Wahl erst danach stattfinden würde. Wir verabschieden uns, und meine Tochter und ich machen uns auf den Weg Richtung Restaurant Einsiedelei. Wir freuen uns auf einen Happen Fleisch vom Holzkohlengrill. Dies ist für mich ein Feiertag, beschließe ich, fasten kann ich morgen wieder.

Dass meine Tochter dabei ist, freut mich sehr; wir haben ein sehr inniges, freundschaftliches Verhältnis. Während des Essens werde ich immer wieder fotografiert, ich frage mich, ob die Menschen aufgrund meines Gewandes denken, ich sei die Eremitin hier. Meine Tochter meint: »So kannst du dich gleich ein wenig daran gewöhnen, falls du gewählt wirst.« Wir lachen und ich erzähle ihr davon, was ich bei einer möglichen Wahl mit der Einsiedelei alles anstellen möchte: Gebete öffentlich singen und die Martinskapelle für die Menschen öffnen, die Plakate neu gestalten und das Allerheiligste hüten – das will ich nur zu gerne!

Viel zu schnell geht der Tag vorbei, die Zeit zur Heimkehr ist gekommen, wir reisen wieder zurück – je an unseren Wohnort.

Vorstellungsgespräch als Einsiedlerin

Wenige Tage später kommt dann der Moment des Fürchtens. Vorsichtshalber habe ich am Abend zuvor den Bürgergemeindepräsidenten gegoogelt, damit ich eine Ahnung habe, wer mir da auf den Zahn fühlen wird.

Sympathisch ist der Empfang der Anwesenden. Eine Schrecksekunde erlebe ich beim Anblick des beeindruckenden Ratsaals. Einen Augenblick lang bin ich regelrecht eingeschüchtert und kämpfe gegen einen aufkommenden Fluchtreflex.

Man begegnet mir freundlich und offen. Ich werde zu meiner Berufung, meinem Glauben, der Familie und meinem persönlichen Hintergrund befragt. Dann geht's ans Eingemachte: Man will konkret von mir wissen, wie ich mir mein Leben in der Einsiedelei denn vorstelle: »Wie reagieren Sie, wenn Hundehalterinnen ihr Tier nicht an der Leine führen, Biker trotz Fahrverbot durchrasen, viele Besucherinnen und Besucher täglich vorbeikommen und mit Ihnen sprechen möchten?«

Auch will man von mir wissen, weshalb ich interessiert sei, in dieser für mich neuen Region zu wohnen, und ob ich bereit bin, mit den Medien zusammenzuarbeiten. Die Frage hat gleich einen realen Bezug, denn ich werde damit konfrontiert, dass ein Radiosender mit einer Bewerberin ein Interview führen möchte. Ob ich mir das vorstellen könne? Ich überlege einen Augenblick und lehne ab, es scheint mir verfrüht und dadurch unangebracht.

Nach ein paar Informationen zur Geschichte von Schlucht und Einsiedelei verabschiedet man sich von mir, und ich reise zurück in meine Klause im Bündnerland. Erneut ist Warten angesagt. Ein paar Tage später dann endlich der ersehnte Telefonanruf. Keine erlösende Antwort, nein, erst die Frage: »Und? Was haben Sie für ein Gefühl?« Ich denke: »Der Mann will mich auf die Folter spannen«, und antworte: »Ein gutes!« Und richtig: Der Bürgergemeindepräsident teilt mir mit, dass ich ihre Nummer eins sei und sie sich über eine Zusage von mir freuen würden. Sogleich gebe ich hocherfreut mein »Ja-Wort«!

Wahl und Umzug in die Einsiedelei St. Verena

23. Juni 2014. Es ist der Tag meiner Wahl. Kaum aus dem Zug gestiegen, werde ich von der freundlichen und fröhlichen Sekretärin der Bürgergemeinde in Empfang genommen. Da der Bürgerrat noch andere Traktanden zu besprechen hat, fahren wir auf Umwegen ins Gebäude der Bürgergemeinde, lachen und schwatzen unterwegs. Dort stellt mich der Präsident den Bürgerrätinnen und -räten vor, die mir anschließend Fragen stellen dürfen. Dann muss ich für die geheime Wahl den Raum verlassen.

Als ich wieder hereingerufen werde, wird mir gratuliert, ich sei mit einer Enthaltung einstimmig gewählt worden. Die Stimmung im Raum ist aufgeladen, die Medienleute erscheinen. Jetzt bin auch ich aufgeregt und harre der Dinge, die da kommen werden. Der Journalist von der Lokalzeitung setzt sich mir gegenüber und stellt mir seine Fragen. Anschließend ist ein Radiointerview angesagt. Der Kameramann des Regionalsenders gibt mir vor dem Fernsehinterview den Rat, mich am Tisch anzulehnen, damit ich ruhig stehe, das sei hilfreich. Ich richte mich danach, bin dankbar für seinen Tipp.

Der Termin ist überstanden. Ich eile zum Bahnhof, um zurück ins Bünderland zu fahren und meine Siebensachen zu packen. Viel ist es nicht: mein altes Holzbett, das ich vor einiger Zeit in einem Brockenhaus der Heilsarmee gekauft habe, ein dazu passender Nachttisch, mein runder Tisch, den mir eine Frau einmal geschenkt hat, drei Stühle, die Kleidung, etwas Geschirr und Küchenutensilien. Einige meiner Bücher packe ich auch ein: verschiedene Bibelübersetzungen, ein Bibellexikon, Dogmatik-Bücher, philosophische Romane, Bücher von neuzeitlichen Philosophen, Texte von Teresa von Avila und von meinem Lieblingsheiligen Johannes vom Kreuz und natürlich die Biografie von Bruder Klaus: *Der Hüter des Vaterlandes.*

Alles, was mitkommt, ist schon eingepackt, da beschließe ich, das weißlackierte Gartentischchen mit zwei passenden Stühlen doch mitzunehmen. Seinen neuen Standort sehe ich bereits plastisch vor mir: draußen vor der Klause, um auch dort seelsorgerliche Gespräche anzubieten.

Es muss nur noch die Wohnung gründlich geputzt werden, damit die Wohnungsübergabe reibungslos über die Bühne geht. Meine Kinder und mein ehemaliger Mann holen mich und meinen Hausrat ab. Während sie die Kisten und Möbel in den Kleinbus und das Auto laden, begutachten meine Vermieter die Wohnung, und ich verabschiede mich von ihnen und den anderen Nachbarn im Dorf. Ein letzter Blick zurück, und ich spüre, wie gerne ich hier war, wenn auch nur für sehr kurze Zeit.

Sorgfältig zirkeln wir unsere Fahrzeuge bis vor die Martinskapelle; dort ist Endhaltestelle, es gilt, alles auszuladen und in die Klause zu tragen. Besucherinnen und Besucher der Einsiedelei schauen interessiert zu, jemand sagt: »Da haben wir aber Glück, dass wir grad zur rechten Zeit hierhergekommen sind.« Ich lache und versuche mich daran zu gewöhnen, dass ich von jetzt an in gewissem Sinne eine öffentliche Person bin.

Bald schon sind wir mit dem Umzug fertig; die freundliche Frau, die in der Übergangszeit zwischen meiner Vorgängerin und mir die Einsiedelei betreut hat, übergibt mir den riesigen Schlüsselbund, und wir vereinbaren, dass sie mir am Montag alles Wichtige zeigen wird. Meine Familie hilft mir mit der »Innendekoration« der Klause. Mein Mann und der ältere Sohn montieren provisorische Vorhänge an die Fenster, der jüngere Sohn und eine meiner Töchter setzen das Bett zusammen, die andere Tochter und ich öffnen die Kisten und beginnen in der kleinen Küche zu werkeln. Die 1624 erbaute Klause ist 2009 sehr ansprechend und geschmackvoll renoviert worden; mir gefällt die Zusammenstellung von Alt und Neu. Für das zweckmäßige Bad und die praktische Küche bin ich sehr dankbar. Alles sieht hübsch aus, ein kleines, nur aus wenigen Quadratmetern bestehendes Häuschen, in dem ich mich wohlfühlen kann.

Es ist 18 Uhr, meine Familie verabschiedet sich, sie kehrt zurück, jeder an seinen Wohnort. Ich bleibe allein zurück und setze mich erst einmal hin. Mit Gott zu sprechen, mich bei ihm zu bedanken, ist jetzt mein größtes Bedürfnis.

Es wird Nacht und ich höre, dass sich ein Gewitter anbahnt. Toll, ich werde mit Getöse in der Schlucht willkommen geheißen! Ich überlege: »Ist es sinnvoll, hier so nah am Felsen zu wohnen, oder vielleicht doch gefährlich?« Ich habe gelesen, dass man während eines Gewitters unter einem Felsen zwar Schutz vor Regen und Hagel findet, aber keinesfalls die Wände berühren darf – tja, und jetzt? Ich weiß es nicht und beruhige mich mit dem Gedanken, dass vor mir schon viele Waldbrüder solche Momente heil überstanden haben. Und die Menschen, welche die Klause seinerzeit an dieser Stelle gebaut haben, werden sich schon etwas überlegt haben.

Ich bitte Gott um seinen Schutz und lege mich schlafen. Die Zimmerdecke erscheint mir sehr nah, weil mein Bett so hoch und das Häuschen niedrig gebaut ist. Ich mustere das alte Holz und sehe viele Figuren, Gesichter, die mich anblicken; wie damals, als ich ein Kind war, fallen mir Geschichten dazu ein. Ich bete den Rosenkranz und schlafe ein.

Erste Tage in der Einsiedelei

Erster offizieller Arbeitstag: 1. Juli 2014. Nun stehe ich also da und öffne die Martinskapelle, um zum ersten Mal hier drin die Laudes zu singen. Ich schließe hinter mir die Tür wieder zu und lasse bloß das Gitter offen, damit die Psalmen zu hören sind, aber man die Kirche nicht betreten kann. Ich fühle mich noch zu neu und brauche ein wenig Zeit anzukommen. Zaghaft stimme ich an und öffne mein Herz, Gott zu begegnen. Es ist ein besonderer Moment, immer noch kann ich es kaum fassen, dass ich hier bin, das Amt der Einsiedlerin zu St. Verena auszufüllen. Ein Sonnenstrahl leuchtet durchs bemalte Fenster, es ist, als ob die beiden Heiligen – Verena und Martin – mich begrüßten. Verena war es, die hinter der Kapelle in der doppelbödigen Höhle lebte und wirkte.

Einige Tage später – es ist Sonntag und ich freue mich, in der St.-Niklaus-Kirche beim Eingang des Schlucht-Weges die Heilige Messe zu besuchen. Von einigen Pfarreiangehörigen werde ich zurückhaltend, aber freundlich begrüßt, der Gemeindeleiter kommt auf mich zu und stellt sich vor. Auf dem Heimweg durch die Schlucht traue ich meinen Augen kaum: Es sind so viele Menschen da, die mich begrüßen, mich ansprechen, mir alles Gute wünschen, mich an diesem Ort willkommen heißen. Dieses Willkommen bereitet mir viel Freude.

Auch an den folgenden Sonntagen staune ich über die Herzlichkeit und Freundlichkeit der Besucherinnen und Besucher: Ich stehe in der geöffneten Martinskapelle und werde von so vielen Menschen durch Worte und Mitbringsel beschenkt. Diese Willkommensgesten rühren mich zutiefst, und ich erkenne, dass es einem großen Wunsch entspricht, endlich die neue Einsiedlerin zu Gesicht zu bekommen und mit ihr einige Worte zu wechseln. Da scheint mir die Idee, die bisher geschlossene Martinskappelle wenigstens zeitweise der Öffentlichkeit zugänglich zu machen, der richtige Weg zu sein.

Es ist wieder Sonntag und ich singe das Vespergebet in der Martinskapelle. Viele Menschen sitzen andächtig da und lauschen den Psalmen. Als ich gegen Ende des Stundengebetes das »Vaterunser« anstimme, fallen viele in den Gesang mit ein, es berührt mich zutiefst, mir schießen die Tränen in die Augen über die Gemeinschaft, die wir in diesem Moment verkörpern und erleben.

Von nun an lassen sich immer wieder Menschen vom Gesang der Psalmen berühren, von den Worten der Bibel, den Melodien, und mir bereitet es viel Freude, das Evangelium und die Gebete auf diese Weise weiterzugeben. Es ist eine Stärkung auf dem Weg zum Göttlichen, zu Gott selbst und in diesem Sinne auch zu sich selbst; wer näher zu sich findet, begegnet Gott – wer zu Gott findet, begegnet sich selbst. Wir sind zum Guten geschaffen, zum Heil, Geheilten, Ganzen. Gott sieht uns mit liebenden, annehmenden Augen, als Vater, mütterlich-liebend, zärtlich, fürsorglich.

Er sprach zu mir in einer für mich sehr dunklen, schweren Zeit folgende Worte, er drängte mich gleichzeitig, sie aufzuschreiben, weil sie allen Menschen gelten:

»Ich will dich nicht lassen, noch von dir weichen; du gehörst zu mir, und ich habe nie aufgehört, dich zu lieben. Wenn du zu mir kommst, wirst du Frieden finden, du wirst Freude erben und satt sein. Ich bin deine Quelle, übersprudelnd und frisch, beglückend, erquickend – du sollst bei mir sein, geborgen in meiner gnädigen Hand, denn ich bin ein guter Gott.
Meine Gnade hört niemals auf, meine Güte währt ewig.
Komm zu mir! Bring mir deine Lasten, Bürden, Schmerzen und Qualen; auch deine Angst, dein Scheitern und Versagen.
Du bist mein geliebtes Kind, mein sehnlichst erwartetes Königskind. Du bist wunderbar und herrlich gemacht.
Als ich dich sah, habe ich gesehen, dass alles gut war. Bring mir deine Schwierigkeiten, deine Schuld und drückende

Last – ich kümmere mich darum und werde alles, wirklich alles ins rechte Lot bringen.

Mein Kind, vertraue mir, glaube mir, denn ich bin dein Gott der Liebe; ich bin dein Gott der Barmherzigkeit und Gnade. Das sind keine leeren Worte, denn ich bin der Weg, die Wahrheit und das Leben. Und ich stehe zu meinem Wort, das Wahrheit ist. Du bist mein Kind. Ich liebe dich.«

II. MEIN LEBEN
IN DER EINSIEDELEI

Szenen meines Alltags

Meine Gegenwart in der Einsiedelei ist keine Geschichte, die sich einfach so geradlinig erzählen lässt. Mein Alltag hat viele Facetten, die sich um mein Leben als Eremitin drehen, aber auch um meine Aufgabe hier als Hüterin eines heiligen Ortes. Mehr als in meinen ersten Jahren als Eremitin habe ich hier auch eine »öffentliche« Aufgabe, sodass ich stärker mit den Menschen und dem, was sie beschäftigt und was sie suchen, in einem Austausch stehe.

Beim Schreiben realisierte ich schnell, dass ich dieser Zeit hier eine andere Form geben möchte. Es sollen Gedanken sein, denen auch etwas Provisorisches anhaftet. Es sind Momentaufnahmen, wie sie im täglichen Dialog mit mir und mit den Gästen der Einsiedelei entstehen. Fragmente, die keinen Anspruch auf abschließende Wahrheit haben. Bausteine, auf denen ich weiter aufbauen werde. Und auch »Einwürfe«, die zum Gespräch anregen sollen.

Ein Tag in der Einsiedelei

In der Gestaltung meines Alltags bin ich nicht einfach frei. Ich bin sowohl gegenüber meinem eremitischen Gelübde verpflichtet als auch gegenüber der Bürgergemeinde, unter deren Obhut sich die Verenaschlucht und die Einsiedelei befinden. Für meine Aufgaben hier erhalte ich eine kleine Entlohnung, mit der ich meinen Lebensunterhalt bestreite. Die finanzielle Einschränkung bedingt den Verzicht auf Weiterbildung, den Besuch von kulturellen Veranstaltungen wie Theater oder Konzerte und auch das Lesen von weltlichen Büchern. Das ist ein Opfer für mich und gehört zu der von mir selbst gewählten Armut.

Auch der Gedanke des Gehorsams prägt meinen Alltag: ein mündiger, mitdenkender Gehorsam im Sinne von Loyalität gegenüber der kirchlichen und weltlichen Obrigkeit. Ich weiß mich gerufen, ganz besonders für diese Menschen, die mir »vorgesetzt« sind, zu beten und ihnen so verbunden zu sein. Ich achte ihre Aufgaben in Kirche und Staat und trete ihnen in Offenheit und ehrlicher Gesinnung gegenüber.

Keuschheit – die freie Wahl, ehelos zu leben und mit keinem andern Menschen sexuelle Kontakte zu pflegen – gehört ebenfalls zu meinem Leben als Eremitin. Das gibt mir die Möglichkeit, in größerer Freiheit den Mitmenschen zu dienen und für sie da zu sein. Keuschheit beinhaltet auch, den anderen (und mich selber) in seiner Würde zu achten und ihm in Wort und Tat nicht zu nahe zu treten, seine Integrität und sein Geheimnis vor Gott zu wahren und zu respektieren. Ich übe keine Macht und Kontrolle über andere Menschen aus, manipuliere nicht. Ich achte die Freiheit eines jeden Geschöpfes von unserem Schöpfer, inklusive der Meinen.

Es ist frühmorgens, 5 Uhr. Der erste Moment des Gebets und des Mich-Ausrichtens auf ihn, der mein Leben in seiner Hand hält. Mein Blick fällt auf meine Kelchmonstranz, in der ich das Allerheiligste in der Klause aufbewahren darf. Ich begrüße die Gegenwart Christi in der Hostie mit einer Kniebeuge und bekreuzige mich zum Zeichen meiner Zugehörigkeit zu ihm und seinem Leben und Leiden.

»Sei gegrüßt, mein geliebter Herr und Heiland, der du die Fürsorge und Liebe bist; bitte schenk mir Worte des Lobes und Dankes für deine Güte, Gnade und Barmherzigkeit und des Gebetes und der Fürbitte für all jene, die du mir anvertraut hast hier in der Verenaschlucht, und für mich selber, damit ich dir und den Menschen diene in Demut, Sanftmut, Geduld und Fürsorge« – so spreche ich stumm in meinem Innersten; schweigend knie oder setze ich mich hin zum Frühgebet, der Vigil. Da ist viel Schweigen. Verstummen. Horchen.

Weil die Einsiedelei während des Tages stark beansprucht wird, habe ich meine intensivste Schweigezeit auf die frühen Morgenstunden verlegt. Vor dem Allerheiligsten kniend oder sitzend bewege ich die Anliegen der Menschen in meinem Herzen: Seien es solche, die ich durch die Nachrichten erfahren habe, oder auch solche von Menschen, die mich persönlich um Gebet bitten.

Ich bitte Gott um Worte. Nur er kann wissen, was richtig und recht ist. Nur er kennt die Worte, mit denen wir in der entsprechenden Situation beten und bitten sollen. Manchmal schenkt er mir eine Einsicht oder Erkenntnis. So sehe ich klarer, wie ich beten soll oder diesen Menschen auf seinem Weg weiterbegleiten kann. Ich fühle seine Gegenwart, die mich umgibt und mir hilft, in meinem Inneren ruhig und still zu werden. Wie ein Mantel umgibt er mich, damit ich mich konzentrieren kann und erkenne, was in diesem Moment des stillen und schweigenden Gebetes wesentlich ist.

Nach einem kurzen Frühstück gehe ich um 8 Uhr zur Martinskapelle und singe die Laudes, das Morgengebet. Im Frühjahr und im Herbst ist es um diese Zeit noch düster und still. Selten besuchen Gäste um diese Zeit die Kapelle, aber manchmal hört mir draußen vor der Tür einer der Fußgänger zu, die um diese Zeit mit ihren Hunden vorbeispazieren. Als ich das zum ersten Mal bemerke, male ich ein Plakat mit der Aufschrift »Reservierte Plätze für Menschen mit Hund« und hänge es in die hinterste Bankreihe. Denn auch Tiere sind als Geschöpfe Gottes in der Kapelle willkommen. Ihr Platz zuhinterst nahe bei der Türe soll verhindern, dass Gläubige, die Mühe mit Tieren in kirchlichen Gebäuden haben, in ihren religiösen Gefühlen verletzt werden.

Im gesungenen Gebet gebe ich etwas von meiner Seele preis. Ich bete in meinem Herzen die Psalm-Verse, lese die Worte bewusst und bringe sie singend vor Gottes Thron. Die Fürbitten gegen Schluss des Stundengebetes sind jeden Tag dieselben, doch erlebe ich sie immer wieder neu, denn es gibt täglich Kranke, Sterbende, Kinder, Hungernde, politische Entscheide usw. Sehe ich, wie ein Kind in der Kapelle sitzt und lauscht, schließe ich es besonders in die für Kinder formulierte Fürbitte mit ein: »Segne die Kinder in der Welt, damit sie Liebe und Geborgenheit erfahren; sende ihnen Engel, die sie schützen und begleiten.«

»Begegne dem Mangel in der Welt; sende gute Menschen zu all jenen, die hungern, damit sie ihnen Nahrung bringen für Leib, Seele und Geist; rufe auch uns, für Gerechtigkeit zu sorgen und zu handeln an unserem Nächsten« – so lautet die Bitte für am Leib und in der Seele Hungernde. Die Armut in der Welt, die ungerecht verteilten Güter und Kinderarbeit beschäftigen mich ebenso sehr wie auch eine unwürdige Tierhaltung, die Missachtung der Ressourcen unserer Erden- und unserer Pflanzenwelt. Mein bescheidener Beitrag dazu ist, möglichst wenig Fleisch zu essen, nach Möglichkeit »gerecht« einzukaufen, zu spenden, Patenschaften einzugehen, einen einfachen Lebensstil zu pflegen. Auch denke ich täglich daran, dass sowohl Menschen als auch Tiere als meine Geschwister hier in der Welt existieren. Vor meinen Mahlzeiten bekreuzige ich mich ganz bewusst im Gedanken an meine Mitmenschen und Mitgeschöpfe. Ich will mit Bewusstheit und Andacht essen und dankbar genießen.

Anschließend trinke ich einen Kaffee, lese auch mal in der Zeitung, sehe die Post durch und erledige sie auch gleich, soweit möglich. Mit einem Moment des Schweigens und Innehaltens bereite ich mich auf die Begegnungen am Nachmittag vor.

Ab 14 Uhr bin ich da für Gespräche und Begegnungen. Es ist mein Selbstverständnis als Christin: Ich gehöre zu den Menschen. Ihnen möchte ich mit meinem Gebet sowie mit offenem Herzen und offenen Ohren dienen. Das Schweigen dient dazu, die innere Stille, das innere Schweigen zu erlernen und zu bewahren, um eine Hörende und Zuhörende zu werden und zu bleiben: Hörend und zuhörend zu Gott – hörend und zuhörend meinem Mitmenschen gegenüber.

Schweigen, Einkehr und Einsamkeit sollen kein Selbstzweck sein; deshalb erscheint mir die Pflege der Gastfreundschaft – als Teil der eremitischen Spiritualität – zentral. Wenn in dieser Zeit der Begegnung gerade niemand etwas von mir will, male ich Karten, beantworte Briefe oder erledige etwas im Haushalt.

Gegen 17 Uhr schließe ich die Kapellen für die Nacht und kehre in die Klause zurück. Dort beginnt die »Bürozeit«, während der ich Anrufe, E-Mails und Briefe beantworte.

Um 19 Uhr »fahre ich herunter« und bereite mich auf das nächtliche Stillschweigen vor. Ich verzichte im Sinne der Buße und des Fastens in der Regel auf ein Nachtessen. Um 20 Uhr singe ich die Komplet, das Nachtgebet, und »hülle mich in Schweigen«, bis am nächsten Morgen um 8 Uhr.

Dieser Tagesablauf ist für mich eine Leitlinie, an die ich mich in der Regel halte. Ein Tagesrhythmus ist hilfreich, damit sich mein Leben in der Balance zwischen Gebet, Arbeit und Erholung einpendelt. In der Einsiedelei St. Verena aber sind der Ansturm, die Erwartungen und Forderungen an manchen Tagen so groß, dass ich flexibel sein und oft auch außerhalb der üblichen »Geschäftszeit« für Gespräche, Telefonanrufe und Mail-Kontakte zur Verfügung stehen muss.

Die Einsiedelei: Touristische Attraktion oder Ort der Spiritualität?

Die meisten Besucherinnen und Besucher kommen mit Respekt vor dem Ort und gegenüber den anderen Gästen in die Verenaschlucht. Manchmal kommen aber auch solche, die diesen heiligen Ort eher als touristische Attraktion betrachten. Kaum haben sie die Kirche betreten, zücken sie schon ihre Kamera, knipsen ihre Bilder und unterhalten sich in aller Lautstärke miteinander, als ob da niemand beten würde.

Da sind Barmherzigkeit, Geduld und viel Gelassenheit gefordert. Verständnis auch, dass in der heutigen Zeit Religion kaum mehr einen gesellschaftlichen Wert darstellt. Heutzutage kann rausgepickt werden, was gefällt und »stimmig« ist. Das Ego wird »gefüttert«, doch kann auf diese Weise keine selbstlose Liebe eingeübt werden. Jede und jeder macht sich zum Maß aller Dinge, zum Zentrum der ausgesuchten »Religion« und »Spiritualität«. Aber Glaube bedeutet eben nicht, das Ego aufzublasen und zu füttern.

Die heutigen Menschen haben ein anderes Bedürfnis bei ihrer Suche nach Licht. Ein Künstler aus der Region hat vor einigen Jahren an Weihnachten mit einer beeindruckenden Lichtinstallation die ganze Verenaschlucht in Licht getaucht! Die Menschen waren davon so gefesselt, dass seither jedes Jahr an Heilig Abend mehr und mehr Menschen die Schlucht aufsuchen und ihre Lichter in die Felsspalten, Baumhöhlen und Nischen, an den Wegrand und auf die Brückengeländer stellen. Tendenz zunehmend – und längst nicht mehr nur an Weihnachten.

Wenn die Menschen diesen künstlerischen Ausdruck übernommen haben und weiterführen, ist das ein wunderbares Zeichen dafür, dass dies einem Bedürfnis entspricht. Das hat meine volle Unterstützung! Doch spüre ich zunehmend auch einen Konflikt zwischen diesem spirituellen »Massentourismus« und der ursprünglichen Eigenschaft einer Einsiedelei, einsam in der Stille zu liegen, gehütet von einem Waldbruder oder einer Waldschwester, die in Spiritualität leben und die Einsiedelei als heiligen Ort pflegen. Wie lässt sich das in Harmonie miteinander bringen und verbinden?

Einerseits bin ich aufgefordert, eine ernsthafte und echte Einsiedlerin zu sein. Ich pflege die Stundengebete der römisch-katholischen Kirche, darf – halleluja! – das Allerheiligste hüten, knie im Schweigen vor dem Tabernakel, um in meinem Herzen die Anliegen der Welt und der Menschen vor Gott zu bewegen. Ich lese die Lehren der Wüstenväter und -mütter, spreche mit meinem Gott in ganz persönlicher Zwiesprache, höre im Schweigen auf sein Reden, lade die Menschen ein, die eine Not oder ein Gebetsanliegen haben, hier ihr Herz zu öffnen. Andererseits strömen die Menschen an manchen Tagen in Scharen in die Schlucht, möchten – zu Recht – ein paar Worte mit der Einsiedlerin wechseln, haben Fragen und Anregungen usw. An solchen Tagen ist fast kein Schweigen vor dem Allerheiligsten möglich.

Ich liebe die vielen Begegnungen mit den unterschiedlichen Menschen! Doch sehe ich das als eine zunehmende Herausforderung an die eremitisch lebende Person in der Verenaschlucht. Wie lässt sich das miteinander vereinbaren: die Einsiedelei als »Magnet«, die vielfältigen Forderungen und das eremitische Leben als Einsiedlerin?

Ein Beispiel, um diese Zerrissenheit zu illustrieren: Ich sitze nach dem Mittagsgebet in meiner Klause und versuche zu essen. Draußen stehen zahlreiche Menschen am Gartenzaun, um einen Blick ins Innere der Klause zu erhaschen, einen kleinen Einblick ins Leben der Einsiedlerin zu erhalten. Einigen reicht das nicht, sie klopfen an meine Haustür und bitten um Einlass: Sie möchten gerne die Klause besichtigen. Zu Beginn gab es auch solche, die ohne anzuklopfen einfach eintraten. Schnell habe ich daher gelernt, meine Türe abzuschließen. Ich habe keine Ahnung, was sich diese Menschen denken: Ich bin doch kein Museum – und auch kein Zoo.

Dieses kleine, hübsche Haus heißt Klause, weil es das Häuschen einer in Klausur lebenden Person ist. In Klausur leben heißt: fern der Welt, in einem geschlossenen Kosmos, für die Welt betend.

Mir ist bewusst, dass ich mit dieser Aufgabe ein klein wenig »Allgemeingut« geworden bin. Ich lerne, damit zu leben. Auch damit, dass ich sofort angesprochen werde, wenn ich die Klause verlasse – darüber freue ich mich und wechsle gerne ein paar Worte.

Die meisten Menschen begegnen mir mit Respekt und der gebührenden Distanz. Leider gibt es aber auch solche, die mich als Dienstleisterin sehen, die 365 Tage da ist und ihnen zur Verfügung steht. Hier musste ich lernen, etwas konsequenter zu sein, und beispielsweise auf die Website verweisen, wenn Leute außerhalb der Öffnungszeiten einfach die Kapelle besichtigen wollen.

Auch ich benötige Ruhepausen, und die Zeiten des stillen Gebetes gehören verbindlich zu meinem Leben, ich bin Einsiedlerin und keine Touristenführerin. Die Menschen müssen akzeptieren, dass die Einsiedelei kein touristischer Ort ist, sondern eine heilige Stätte.

Die Alternative wäre: Die Einsiedelei verkommt zu einer Freiluftattraktion à la Freilichtmuseum Ballenberg und wird nicht mehr von einem Einsiedler oder einer Einsiedlerin bewohnt und belebt. Das wäre dann ein anderes Konzept: Man stellt Leute ein, welche die gewünschten Öffnungszeiten gewährleisten, und die Klause wird zum Museum: So lebten die Waldbrüder im Verlauf der letzten Jahrhunderte. Aber wäre das nicht schade?

Wo bleibt der Respekt?

Eine Frau allein in einem Häuschen in der Schlucht lässt in der Vorstellung vieler Menschen allerhand zu.

Lebt sie wirklich ganz allein hier? In Sommer und Winter? Hat sie Wasser und Strom? TV? Hat sie eine Küche? Wenn sie frei hat, geht sie da zu ihrem Mann? Oder lebt er gar auch im Häuschen? Übernachten die Kinder, die Enkelin dort? Kocht sie sich selbst? Geht sie einkaufen? Was tut sie überhaupt den ganzen Tag über? Fühlt sie sich nie einsam und allein?

Das sind die meisten Fragen, die mir gestellt werden. Ich verstehe, dass es den Leuten nicht so ganz klar ist, wie ich lebe. Woher sollten sie wissen, wie eine Einsiedlerin lebt – uns gibt es ja nicht gerade zuhauf, und es liegt in der Natur der eremitischen Spiritualität, dass wir zurückgezogen leben und man nicht wirklich in unser Leben Einblick hat.

Schwieriger finde ich Begegnungen mit Menschen, welche etwas in mich und mein Leben hineininterpretieren, das nicht ist und auch nicht sein soll: Ich lebe keine sexuellen Beziehungen. Wir »leiten den Sexualtrieb um«, kanalisieren ihn im Gebet und in der Hingabe zu Gott. Unsere Liebe und Hingabe sollen ausschließlich zu ihm hin fließen und in diesem Sinne geläutert zu den Menschen gelangen. Wir pflegen keine Exklusiv-Freundschaften.

Ein Mann versucht mir zu erklären, dass Sex und Spiritualität kein Widerspruch seien und er sich gerne mit mir auf dieser Ebene treffen möchte. Ich informiere ihn, dass ich eine römisch-katholische Eremitin sei, und darüber, wie unsere Spiritualität gelebt wird. Er lässt es nicht gelten. Es tut mir leid, dass er nicht versteht. Wir befinden uns offensichtlich an ganz unterschiedlichen Orten. Wovon er spricht, hat mit der tantrischen Spiritualität zu tun: Zwei Menschen begegnen sich im Liebesakt, um darin die göttliche Liebe zu erfahren. Ich enthalte mich der Geschlechtlichkeit, um darin die Liebe Gottes zu empfangen. Ich beende das Gespräch und mache deutlich, dass er mich in meiner Lebensweise zu respektieren hat.

Deshalb bevorzuge ich, dass man mich mit »Schwester Benedikta« anspricht (nicht »Benedikta«), als Ausdruck davon, dass ich in Klausur lebe. »Schwester« ist kein Ehrentitel, aber es erinnert daran, dass ich ein Mensch bin, der in Klausur lebt. Die Anrede sagt es: »Schwester allen Menschen«. Ich gehöre allein Gott. Das hat mit dem Gelübde der Keuschheit zu tun. So wie ich das Geheimnis meiner Mitmenschen nicht antaste, so darf ich auch nicht zulassen, dass meine Freiheit in Christus angetastet wird.

Ich habe mich vom Familienleben verabschiedet, und so gehe ich keine neuen »familiären« Bindungen ein: Es dürfen alle Menschen zu mir kommen, es gibt niemanden, der mehr Rechte hat, mir näher kommen darf, sich darauf berufen kann, dass wir uns ganz besonders lieb hätten. Man darf mich nicht manipulieren und auch nicht instrumentalisieren.

Die Grenze verläuft haarscharf. Wenn die Feuerwehr während des Hochwassers zu mir kommt, um nach mir zu sehen, dann liegt das in ihrer Kompetenz und ist fürsorglich der Einsiedlerin gegenüber. Oder wenn Besuchende mich fragen: »Hatten Sie keine Angst?«, dann ist das freundlich und freut mich. Es bewegt mich auch, wenn mir die Leute am Tag nach einem heftigen Gewitter erzählen, sie hätten in der Nacht an mich gedacht. Auch ich bin auf Gebete angewiesen und es tut mir gut, wenn man an mich denkt.

Aber es gibt auch Formen der Nähe, die ich nicht zulassen kann. Wenn jemand ungefragt an meinen Kleidern herumzupft, wenn er ohne zu fragen meine Hunde hochhebt oder in mein Haus eintritt, ohne anzuklopfen, ist das übergriffig und Ausdruck von Mangel an Respekt. Es ist mir bewusst, dass diese Menschen das nicht immer respektlos meinen, sondern oft eine Nähe zu mir wünschen, die ich ihnen nicht geben kann.

Ich bin frei, um mich jederzeit von Gott rufen zu lassen, um im Schweigen und im Gebet die Anliegen der Menschen in meinem Herzen zu bewegen.

Timmy und Flörli

Da ich mit Hunden aufgewachsen bin und als Erwachsene auch immer wieder in deren Begleitung lebte, ist es für mich etwas seltsam, hier in der Verenaschlucht zu leben und keinen Begleiter an meiner Seite zu haben. So freue ich mich, dass mir die Bürgergemeinde erlaubt, einen Hund zu halten.

Früher war ich Halterin von großen Schweizer Sennenhunden. Jetzt, mit über fünfzig Jahren, erkenne ich meine körperlichen Grenzen. Einem solch großen Hund Meisterin zu sein traue ich mir nicht mehr zu. Auch ist die Klause zu klein, um mir und einem großen Hund Platz zu bieten. Ich will nicht, dass das schöne Einsiedlerhäuschen zur Hundehütte umfunktioniert wird. So entscheide ich mich für einen Pudel.

Schon als Kind fand ich diese Tierchen einfach reizend, aber weder die Eltern noch der Ehemann teilten meine Freude an dieser Hunderasse. Nun freue ich mich, dass ich mir diesen lang gehegten Traum erfüllen darf. So besuche ich eine Zucht mit »Harlekin-Pudeln«, auf die ich über ein Zeitungsinserat aufmerksam geworden war.

So viele Pudel in unterschiedlichsten Farben und Größen! Die Züchterin reicht mir einen kleinen, kuscheligen Welpen und sagt, er sei der anhänglichste. Ich setze mich mit ihm hin und wir betrachten uns gegenseitig. Der kleine Liebling scheint unser Kennenlernen auf meinem Schoß zu genießen. Mir gefällt er ausnehmend gut mit seinem zweifarbigen Gesichtchen: das eine Ohr ist kohlenschwarz, das andere schneeweiß. Und wie er mich betrachtet! Ich frage ihn: »Möchtest du mein Einsiedelei-Hund werden?«

Ich gebe ihn der Züchterin zurück, er wedelt zur Begrüßung mit dem Schwänzchen und leckt ihre Wange. Das freut mich, sehe ich doch, dass er einen Unterschied macht zwischen bekannten und unbekannten Menschen. Die Züchterin bietet mir etwas zu trinken an und wir unterhalten uns eine Weile.

So habe ich Zeit, mir durch Kopf und Herz gehen zu lassen, ob das kleine Fellknäuel das richtige Tier für das gewichtige Amt des Einsiedelei-Hundes ist. Er ist ruhig, das gefällt mir, denn die Verenaschlucht braucht keinen nervösen Kläffer. Pudel sind temperamentvoll. Ich entscheide mich und lasse ihn reservieren. Die Züchterin freut sich, dass ihr Welpe in der Einsiedelei Einzug halten wird. Sie flüstert dem Kleinen schmunzelnd ins Ohr: »Ich sehe, du wirst dort verwöhnt werden.«

Anschließend reise ich mit dem Bus in ein Geschäft für Tierzubehör und kaufe Trink- und Fressnapf, zwei Hundehalsbänder mit Leine und ein Körbchen mit Kissen. Auf dem Heimweg kommt mir die Erleuchtung: Timmy, so werde ich den Hundebuben nennen! Es ist so aufregend! Ich freue mich riesig. Von den Besucherinnen und Besuchern der Einsiedelei, die davon erfahren, erhalte ich viele Geschenke: Decken, Hundemäntelchen, weitere Futternäpfe, Leinen in allen Farben und sogar eine Schermaschine und Transportkörbe. Die Anteilnahme und die Freude der Menschen berühren mich zutiefst.

Ich zähle die Tage und Stunden, bis ich ihn abholen darf. Endlich ist es so weit. Ich packe den kleinen Timmy in das Transportkörbchen – es ist ein offenes Modell, damit ich ihn während der Fahrt im Bus streicheln und beruhigen kann. Es tut mir zutiefst leid, dass er von nun an in einer Einsiedelei mit einer Eremitin leben muss, war er doch bis jetzt immer mit vielen anderen Hunden zusammen. Doch er hält sich tapfer.

Der Autolärm ängstigt ihn, aber er lässt sich schnell beruhigen. Der Buschauffeur möchte wissen, »was die Einsiedlerin im Körbchen trägt«. Sehr gerne zeige ich ihm den neuen »Einsiedler« und freue mich, dass auch andere Leute das niedliche Hundchen bewundern.

Timmy lebt sich gut und schnell in der Klause ein. Die ersten Tage lasse ich ihn nachts auf meinem Bett schlafen. Er schläft tief und fest – und weckt mich artig alle zwei Stunden, um »Gassi zu gehen«. Drei Wochen später ist er stubenrein und verbringt die Nächte in seinem Weidenkörbchen.

Langsam wächst Timmy in das gewichtige Amt eines Einsiedelei-Hundes hinein. Er ist nun nicht mehr winzig wie ein Spielzeughündchen, sondern ein ausgewachsener Pudelbube. Zwar befindet er sich in den Flegeljahren: Gehorsam muss eingeübt sein. Aber meist ist er ein gelehriges Kerlchen, das schnell begreift und mir gefallen will. Dann zeigt er Talent zum guten Einsiedelei-Hund, als er während einer ganzen Heiligen Messe brav in der Klause wartet, bis ich wiederkomme.

Auch hat er verstanden, dass er mit der lustigen Kette während des Rosenkranzgebetes nicht spielen darf. Dafür legt er sich während des Gebetes ganz nah zu mir hin, am liebsten auf meinen Schoß, und leckt mir im Rhythmus des Gebetes die Hand. Ich meine, Gott müsste ein so inniges Gebet einer kleinen Kreatur beantworten!

Die Wochen vergehen; wir besuchen die Züchterin, damit sie sich von Timmys Wohlergehen überzeugen kann. Eine kleine Hündin streicht mir ständig um die Beine, setzt sich mit aufforderndem Blick neben mich. Da ich sie einfach nicht verstehen will, legt sie ihre linke Vorderpfote auf mein Knie und sieht mich mit flehentlichem Blick an: »Gell, du nimmst mich mit in dein Zuhause.«

Ich denke: »Ich kann unmöglich einen zweiten Hund halten, mag er noch so klein sein.« Einige Tage später erinnere ich mich an den Vers: »Ein Mäulchen mehr, was macht das aus? Ein Herzchen mehr bringt Glück ins Haus!«

Ein Anruf bei der Züchterin und »Flörli« gehört zu uns. Timmy ist mein Herzblatt und Flörli das kleine Blümchen dazu.

Spiritualität

Eremitische Spiritualität bedeutet nach dem Katechismus der römisch-katholischen Kirche, »in der Zurückgezogenheit, fern der Welt im Geheimen zu beten und zu fasten für die Welt und die Anliegen der Menschen«.

Was bedeutet es für mich, Eremitin zu sein?

Als Eremitin habe ich mich für die Armut entschieden, um mit meinen Mitmenschen solidarisch zu leben, die durch ihr Schicksal arm wurden, und als Zeichen dafür, dass wir auch im materiellen Verzicht alles haben können.

Unsere Zufriedenheit liegt tiefer als im materiellen Besitz. Bin ich in meinem Leben? Im eigenen Leben zu sein führt mich in die Zufriedenheit, nahe der ewig sprudelnden Quelle der wahren Liebe. Im eigenen Leben zu sein heißt: Ich bin frei von äußerlich aufgezwungenen Dogmen, Meinungen, Erwartungen, aber auch geläutert von meinen Trieben und egoistischen Wünschen. Ich bin frei, nach meinem Gewissen zu leben und zu tun, was in der jeweiligen Situation nötig und gegeben ist.

Meine jüngere Tochter hat mir erklärt, Menschen hätten früher gedacht, sie müssten für ihren Glauben den Drachen (als Symbol für unsere Triebe und den Egoismus) töten, heute sei man hingegen zur Einsicht gelangt, es sei weiser, ihn zu zähmen. Das gefällt mir. Wir kämpfen nicht gegen uns selber, sondern wir entdecken, wer wir wirklich sind, wie Gott uns gemeint und geschaffen hat.

In Zeiten der Stille, in denen ich in mich hineinhorche, mich ganz der göttlichen Liebe hinhalte, höre ich meine ureigene Melodie, die Musik, die in meinem Herzen klingt, das Wort, das über meinem Leben schwebt. Dieses Wort im Dienst an den Menschen »Fleisch« werden und in der Einsamkeit und im Schweigen läutern zu lassen; ganz zu dem zu werden, wozu ich geschaffen wurde, wie ich zutiefst »gemeint« bin. Und aus diesem »gemeint sein« Gott und den Menschen zur Verfügung zu stehen. Im Beten. Im Dasein. In Liebe. Dieses sehe ich als meine Berufung zur Eremitin.

Die tägliche Suche nach dem Göttlichen in mir

Ich stellte mir vor einigen Jahren diese Frage: Welches Wort umschreibt mein Leben? Sofort erklang das Wort »Freude« in meinem Innersten. Meine größte Freude ist es, den Mitmenschen Freude zu bereiten! Ich möchte alle meine natürlichen und kreativen Gaben dafür einsetzen.

Je länger meine Suche nach Gott und seinem Weg mit mir dauerte, desto mehr wuchs in mir die Sehnsucht, meine natürlich geschenkten Gaben auf den Altar Gottes zu legen und ihn zu bitten, sie mir zu nehmen und mir dafür Charismen des Heiligen Geistes zu schenken. Das schien mir die logische Konsequenz zu sein, denn die Gaben Gottes sprechen tiefer in das Leben der Mitmenschen hinein.

Ich empfand es so, dass die menschlichen Gaben eine schöne, aber vorübergehende Freude bereiten, die Charismen von Gott aber eine ewige wecken. Die geistlichen Gaben, die mir verliehen werden, sind Samen, die Gott durch mein Dasein in die Herzen und Leben der Mitmenschen legt und gedeihen lässt.

So ist es mir heute ein dringendes Anliegen, dass ich mein Leben und meine Begabungen für Gottes Saat hergeben kann. Er ernährt die Vögel, die Tiere, warum sollte er nicht auch uns ernähren? Er gibt uns das Beste. Er macht uns satt und erfüllt uns.

In diesem Sinn mache ich mich täglich auf die Suche nach den Ressourcen, die in mir angelegt sind. Auf die Suche nach dem Göttlichen in mir, nach der Klarheit meines Bekenntnisses: in der Hoffnung, mehr Großzügigkeit in den Menschen zu säen; in der Hoffnung, das Bewusstsein für mehr Gerechtigkeit zu wecken; in der Hoffnung, dass unser Leben entschlackt werde zugunsten unserer benachteiligten Geschwister in ärmsten und krisengeschüttelten Ländern.

Es ist meine tiefe Überzeugung: Wer seine innerste Bestimmung lebt, verhält sich sorgsam gegenüber den Ressourcen unserer Erde. Der lebt Offenheit in Religion und Kultur gegenüber unserer Gesellschaft – und in der Verantwortung für die ganze Welt. Der wird ein achtsamer Mensch gegenüber der Erde, den Mitgeschöpfen, dem Mitmenschen; achtsam auch gegenüber geistlichem Leben, Glaube, Religiosität, Spiritualität; und der Würde des anderen, dessen Freiheit und dessen Gewissen mit Respekt begegnend.

Fragen an die Einsiedlerin

Und plötzlich stehe ich in der Öffentlichkeit

Es ist Donnerstag, der 3. Juli 2014 – Pressetag. Von acht Uhr morgens bis fünf Uhr abends kommen Medienschaffende, um die neue Einsiedlerin zu befragen, zu filmen, zu interviewen. Man ist sehr freundlich und geduldig mit mir, ich bin ein Neuling auf diesem Gebiet. Sie wollen wissen, wie ich mich fühle, warum ich dieses Amt angestrebt habe, wie mein Tagesablauf aussieht, und noch vieles mehr. Ihre Arbeit und die Vorgehensweise interessieren mich, und ich finde es äußerst spannend, den Medienschaffenden zuzusehen, sie zu beobachten, mit ihnen zu sprechen. Ihre Sichtweise macht mich neugierig. Ihre Fragestellung ist für mich auch eine Chance, meine neue Aufgabe zu reflektieren.

Ich gebe mir Mühe, auf die unterschiedlichen Bedürfnisse der verschiedenen Menschen einzugehen. Das ist nicht immer einfach, denn der Ansturm ist groß – viel größer, als ich erwartet habe. Wenn eine Journalistin oder ein Reporter mit einer Bitte an mich herantritt, sehe ich einen Menschen, der mich fragt, ob er ein Porträt über mich schreiben darf, eine Geschichte über mich erzählen, die ihm vielleicht auch eigene Fragen beantwortet. Den Menschen »draußen« von meinem Leben hin zu Gott zu erzählen lohnt sich meiner Meinung nach. »Abblocken« sehe ich nicht als den rechten Weg. Daher nehme ich diesen Anfragen gegenüber oft eine gewährende Haltung ein. Ich versuche mit Gebet und der Bitte um Weisheit, dem Ansturm gerecht zu werden und das öffentliche Interesse so subtil wie möglich anzugehen.

Die Resonanz in den Medien wirkt sich auch auf die Besucherinnen und Besucher in der Schlucht aus, die immer zahlreicher vorbeikommen. Ich bemühe mich geduldig, auf die Menschen einzugehen, mich fotografieren zu lassen; ich verstehe, dass es ihnen Freude bereitet, die Einsiedlerin bei ihrem Besuch auch wirklich anzutreffen und sie dann abzulichten, um Freunden und Bekannten davon zu erzählen. Andere wollen einfach nur kurz plaudern, mit mir lachen und scherzen, ein bisschen Smalltalk. Viele bringen mir Geschenke, und man begegnet mir mit sehr viel Herzlichkeit. Es berührt mich unglaublich, dass die Einsiedlerin so stark wahrgenommen wird.

Alles in allem bin ich aber doch überrascht, wie viele Menschen wissen wollen, wer nun in der Einsiedelei lebt und wie dessen etwas ungewöhnliche Lebensweise aussieht. Ein tagtäglicher Spagat, denn ich weiß um die Gefahr, dass nicht nur das spirituelle Erlebnis oder eine Gotteserfahrung die Menschen in die Einsiedelei lockt, sondern auch die Einsiedlerin als Touristenattraktion und Kuriosum.

Befremdlich auch, dass mir plötzlich ein Geltungsdrang unterstellt wird, weil ich nicht alle Anfragen der Medienschaffenden zurückweise. In der Regel kann ich solche Äußerungen an mir abperlen lassen, da sie viel mehr über die Menschen erzählen, die sie in die Welt setzen, als über mich selber. Wenn ich kritisiert werde, prüfe ich, was daran wahr ist; stelle ich fest, dass darin ein Körnchen Wahrheit liegt, lasse ich die Wirkung zu, um mich verändern zu lassen.

Im Gebet und mit der Bitte um Weisheit versuche ich eine sinnvolle Balance zu finden. Mein Anliegen gegenüber den Medien ist es, sachgerecht über die Einsiedelei zu informieren. Die Menschen sollen mich kennen und mit ihren Gebetsanliegen zu mir kommen dürfen. Sie sollen sehen oder auch lesen dürfen, dass Gott in unserem Leben präsent ist. Davon möchte ich Zeichen geben.

Aber den Vorwurf, dass ich die »Rolle« der Einsiedlerin aus Geltungsdrang ausgewählt habe, lasse ich so nicht stehen. Da wäre ich doch wohl besser bei der Schauspielerei geblieben, dort wäre mir der Applaus wohl gewisser…

»Du hast deine Familie verlassen!«

Psalm 71,7b: »… du aber bist meine starke Zuflucht.«

Bei Begegnungen mit Besucherinnen und Besuchern der Verena-schlucht und Einsiedelei werde ich sehr oft nach meinen Kindern gefragt; es scheint die Menschen sehr zu beschäftigen, dass ich eine Familie habe und nicht mit ihr lebe. »Vermissen die Kinder die Mami denn nicht sehr?«, erkundigt sich eine Frau mit Tränen in den Augen.

Ich sage, dass der Abschied von den erwachsenen Kindern ein natürlicher sei. Ich kenne Mütter, deren Kinder im Ausland leben und bei denen der Kontakt sich via Skype und sehr seltener Besuche abspielt. Ich sehe meine Söhne und Töchter samt der kleinen Enkelin regelmäßig, höre sie oft am Telefon – und, wie gesagt, sie sind alle erwachsen, leben in eigenen Wohnungen, sind wirtschaftlich unabhängig. Der Unterschied zu meinem Leben von früher liegt darin, dass meine Enkelin nicht zu mir in die Ferien kommen kann, meine Kinder auch nicht bei mir übernachten und wir keine gemeinsamen Familienfeste feiern, außer bei einer Taufe oder Hochzeit, um meinen Segen zu erteilen.

Wenn ich von Müttern und Vätern zu meiner Familiensituation befragt werde, höre ich manchmal den eigenen Schmerz heraus, dass sie ihre Familienangehörigen nicht oft sehen, die Kinder ihren eigenen Weg gegangen sind. Aber das ist der Lauf des Lebens als Eltern.

Ich war gerne verheiratet; meinem Mann und mir ist der Abschied alles andere als leichtgefallen. Seltsamerweise fragt mich das aber kaum jemand. Das Unverständnis der Besucherinnen betrifft »das Verlassen der Kinder«.

Meine Töchter und Söhne wurden von meiner Entscheidung ja auch nicht einfach überrascht. Sie kannten mich schon sehr lange als »die Berufene«. Sie sagen mir ab und zu, dass mein Schritt für sie eine logische Folge meines vorherigen Lebens und Ringens darstellt. Ähnlich spricht mein Mann.

Ich leugne nicht, dass wir Schmerzen litten, als wir spürten und erkannten, dass der Abschied unumgänglich war. Tränen gehörten in dieser Zeit dazu. Aber auch die tiefe Freude, alles unserem himmlischen Vater hinhalten zu können. Er ist auch der Vollender dieser Qual, die zur Auferstehung führt. Ich glaube fest daran, dass im Leben – dem meiner Liebsten und meinem eigenen – noch nicht das letzte Wort gesprochen ist. Er selbst wird sich offenbaren. Wenn ich mit meiner Familie im Gespräch bin, freue ich mich immer wieder über seine Gegenwart in ihrem Alltag, ihren Gedanken und Plänen. Ich weiß zutiefst, dass er sein Wort hält und sich zu uns stellt.

Das Eine wollen

Was war zuerst? Meine Sehnsucht? Der Ruf Gottes? Ich denke, dass Gott mir eine tiefe Sehnsucht ins Herz gelegt hat, diese hat reifen lassen, und dann hat er nicht mehr aufgehört zu rufen. Ich sehnte mich mein Leben lang danach, ihm alles hinzugeben; es ging mir wie dem Kaufmann, der bereit war, alles zu verkaufen, um die eine kostbarste Perle zu erwerben.

»Mit dem Himmelreich ist es wie mit einem Schatz,
der in einem Acker vergraben war. Ein Mann entdeckte ihn,
grub ihn aber wieder ein. Und in seiner Freude verkaufte
er alles, was er besaß, und kaufte den Acker. Auch ist
es mit dem Himmelreich wie mit einem Kaufmann,
der schöne Perlen suchte. Als er eine besonders wertvolle
Perle fand, verkaufte er alles, was er besaß, und kaufte sie.«
(Matthäus 13,44–46)

Dieses Eine ist es, das ich will: die Vereinigung mit Christus. Mich ihm ganz hingeben, ihn allein wirken lassen in meinem Leben, in meinem Sein, das ist meine Sehnsucht. Er möge durch mich wirken und handeln in der Welt.

Dieses Eine zu wollen heißt aber nicht, dass ich nur dieses Eine gelten lasse. Als Christin bin ich auch offen für Menschen aus anderen Religionen und für andere Wege der Spiritualität. Es ist mir wichtig, mein Gegenüber in seiner Religiosität und seinem Gewissen zu respektieren. Das gehört zu meinem Keuschheitsversprechen: »Das Geheimnis meines Mitmenschen zu wahren und nicht anzutasten.«

Trotzdem darf und will ich frei meine Liebe zu Christus, meinem Heiland und Erlöser, bekennen und bezeugen! Warum überzeugte mich Christus damals und tut es auch heute noch jeden Tag? Täglich erfahre ich seine große Fürsorglichkeit und Liebe uns Menschen gegenüber. Ich darf klein und unbedeutend sein. Ich muss keine Leistungen erbringen. Er selber verwandelt mich in mein neues, besseres Selbst. Es bedarf keiner Verpflichtungen, nur Glaube und Vertrauen sind nötig. Darin liegt meine Aufgabe: täglich zu wachsen im Glauben an ihn und im Vertrauen auf seine Liebe zu uns Menschen.

So erlebe und erfahre ich seine Gegenwart auch in den schmerzhaftesten und dunkelsten Momenten des irdischen Daseins. Er lässt uns nicht allein. Er verlässt uns nicht. Nie!

Die tägliche Schwerarbeit an Geist und Seele

Wenn ich über Gott nachdenke, geht mir durch den Sinn, dass ein gesetzlicher und strenger Richter-Gott wenig einlädt, ihn zu lieben. Vielmehr kommen wir unter Druck, ihn mit Leistungen zufriedenzustellen. Wir »benötigen« aber einen Gott, der uns mit seiner Fürsorge entgegenkommt, der uns aufmuntert mit den Worten: »Fürchte dich nicht«. Einen Gott, der uns ermutigt, ihm zu vertrauen und daran zu glauben, dass er sich um alles kümmert, was wir brauchen. Ein Gott, der unsere Sünden gern vergibt und uns einen Neuanfang schenkt, das ist ein Gott, dem wir uns gerne anvertrauen. Wenn ich in der Bibel von seinen Begegnungen mit den »Verschuldeten« lese, geht mir das Herz über! Wie taktvoll er ist, wie barmherzig und sanft. Jesus sagt: »Wer mich sieht, sieht den Vater.« Wir dürfen also glauben: Wie Jesus den Menschen begegnet, so offenbart sich Gott auch uns Menschen.

Um Gott zu begegnen, setze ich mich ihm zu Füßen. Ich knie oder sitze vor dem Allerheiligsten oder an einem ruhigen Ort und öffne mein Herz und meine »inneren Ohren«. Manchmal reicht es, wenn ich einfach da bin und ihn erwarte. Es gibt aber auch Momente, da bin ich zu sehr durch das Vielerlei des Alltags abgelenkt. Da stimme ich meine Seele mit Liedern oder dem Lesen eines Bibel-Abschnitts auf den »himmlischen Kanal« erst ein.

Die Betriebsamkeit und der Aktivismus unserer heutigen Gesellschaft hindern uns, vor ihm still zu werden. Noch dies und das wollen wir erledigt oder erlebt haben. Es gibt auch einen »christlichen Aktivismus«. Predigt ist wichtig, keine Frage. Ebenso Treffen und Unternehmungen aller Art. Doch dort, wo diese im Vordergrund stehen und uns von der Gemeinschaft und der Begegnung mit Gott abhalten, läuft etwas falsch. Denn ER ist wegweisend. Wie sollen wir wissen, was er in dieser oder jener Situation bewegen und verändern möchte, wenn wir nicht die Zwiesprache mit unserem himmlischen Vater suchen? Nur durch das Zusammensein mit ihm werden wir vom heiligen Geist durchdrungen und geleitet. Je mehr, desto besser. Natürlicherweise stellen wir UNS in den Mittelpunkt unseres Daseins und handeln so, wie wir es uns gerade vorstellen und wie wir denken, dass es für uns richtig ist. Das ist Egoismus.

Geistliche Arbeit kann ganz schön anstrengend sein! Wie man einen Garten umgräbt, ihn jätet und daraus Steine entfernt, so ist auch die Arbeit an unserer Seele und unserem Geist. Alles, was uns am Leben und der Fülle hindert, können wir durch Frisches, Buntes, Fröhliches ersetzen: die Freude, die Liebe, das Lichte und Heitere, Barmherziges und Freundlichkeit. Das kann harte Arbeit sein, weil wir uns danach ausstrecken müssen. Die Freude wächst nicht neben Undankbarkeit. Die Liebe verkümmert neben unserem gnadenlosen Egoismus. Lichtes und die Heiterkeit dümpeln unter Pflanzen der Bitterkeit und die Barmherzigkeit gedeiht nicht in einem harten Herzen.

Die Freundlichkeit ist der Anfang unserer gärtnerischen Arbeit. Wir bemühen uns, zu jedem Menschen freundlich zu sein. Egal, wie er uns begegnet, wir reagieren nicht, sondern agieren: Ich reagiere nicht auf ein unfreundliches Gegenüber, sondern bleibe bei mir und meinem Entschluss, freundlich zu sein – um (fast) jeden Preis! Wie wir alle wissen, kann bereits diese einfache Übung sehr anspruchsvoll sein. Wenn ich hier in der Einsiedelei mit Arroganz, Unfreundlichkeit und überzogenen, unberechtigten Ansprüchen konfrontiert werde, bin ich dankbar für jedes Quäntchen Geduld und Höflichkeit, das ich mir im Elternhaus und später in Eigenregie angeeignet habe – und die spürbare Hilfe Gottes. Am Morgen gilt daher auch meine Aufmerksamkeit im Gebet diesem Thema: »Mein Herr und mein Gott, schenke mir auch heute wieder die Gelassenheit und Liebe, allen Menschen in Demut, Sanftmut und Friedfertigkeit zu begegnen.« Höflichkeit, Anstand, Rücksicht und Freundlichkeit sind die absolut notwendigen Grundformen der Liebe.

Es lohnt sich also, daran zu arbeiten und diese Tugenden einzuüben.

Die Bedeutung des Gebetes

»I ghöre es Glöggli«, »Müde bin ich, geh' zur Ruh« waren die ersten Kindergebete, die ich vor dem Einschlafen mit meiner Mutter gesungen habe. Ungefähr nach meinem zehnten Lebensjahr, ich erinnere mich noch gut, setzte sich meine Mutter an mein Bett und meinte:»Nun bist du alt genug, das *Vaterunser* zu erlernen.« Ich fühlte mich wie eine Königin! Endlich durfte ich das Gebet der Erwachsenen sprechen!

Das Vaterunser begleitete und begleitet mich durch Jugendwirren, in meiner Suche und oft auch in meiner eigenen Wortlosigkeit. Wie gut tut es, ein vorgegebenes, bekanntes Gebet sprechen zu können, wenn eigene Worte fehlen. Auch so kann ich in Kontakt mit meinem Gott treten: Ich spreche die Zeilen langsam und ganz bewusst; ich versuche zu verinnerlichen und zu verstehen, was ich spreche. Ich rufe mich zur Ordnung, wenn ich feststelle, dass ich mich innerlich vom Beten entfernt habe, und wiederhole die geplapperten Sätze, diesmal konzentriert und aufmerksam.

Das Vaterunser ist das Gebet der Gebete, das uns durch Christus selbst weitergegeben wurde. Aber auch andere vorgegebene Gebete können hilfreich sein. Wenn ich für jemanden beten möchte oder darum gebeten werde, für ihn zu beten, und keine Worte für das Anliegen finde, benutze ich sehr gerne das Rosenkranz-Gebet. Ich spreche die Worte mit Konzentration, bis »es« in meinem Inneren zu fließen beginnt und ich die vertrauten Sätze wie von selbst spreche. Dann kann ich zugleich im Herzen und in Gedanken bei diesem Menschen oder der mir anvertraute Situation sein. Es ist, als hätte das Gebet in mir einen inneren Pfad geebnet, der mich zu tiefen Erkenntnissen führt. Das ermutigt mich, weiter zu beten und vertiefter zu glauben, dass das Gebetete auch erhört und geschehen wird.

Wenn man mich um ein Gebet bittet, begebe ich mich zuerst vor Gott und erfrage, ob ich in diesem Anliegen bitten darf. Wenn ich ein deutliches »Ja« höre, frage ich, worum ich bitten darf, und beginne dann, in diese Richtung zu beten und für das Anliegen einzustehen. Manchmal bin ich nicht sicher, ob ich richtig verstanden habe. Da bete ich zaghaft, tastend und suchend; immer tiefer spüre ich dann den Gebetsweg und gehe ihn weiter.

Es kann auch vorkommen, dass ich weder ein »Ja« noch sonst eine Antwort erhalte. Dann bitte ich um einen Segen für die Person und ihre Situation und übergebe die Angelegenheit ganz Gott. Trotzdem trage ich diese Menschen in meinem Herzen, zünde Kerzen für sie an und schließe sie in meine Gebete des Tages und den Rosenkranz mit ein.

Danken ist ein zentraler Teil des Gebetes. Plakativ ausgedrückt: ohne Dankbarkeit kein Segen. Und es führt alles, wirklich alles zu meinem Besten. Daher habe ich gelernt, dass ich für alles danken kann. Auch für das Schwere. »Denen, die Gott lieben, dienen alle Dinge zum Besten« (Röm 8,28), war lange Zeit mein Lieblingsvers in der Bibel. In Zeiten, in denen nichts mehr ging und das Leben sich mir als finster, schwer, belastet und unglaublich kalt und einsam zeigte, hielt ich mich mit aller Kraft an dieser Bibelstelle fest und hielt sie Gott hin.

Oft begegnen mir Menschen, die darüber klagen, dass ihre Gebete nicht erhört würden, dass Gott sie vergessen und verlassen habe. Was kann ich beitragen, dass Gott meine Gebete erhören mag? Ich bin überzeugt: Er verlässt uns nie! Er vergisst keines seiner Menschenkinder!

Mir wird beim Lesen der Bibel bewusst, wie oft geschrieben steht, dass Gott *alle* unsere Gebete erhört. Alle! Ich denke nach. Wie kann es sein, dass da steht: »alle Gebete«, und doch erleben wir, dass unsere Gebete eben doch nicht erhört werden?

Damit unsere Gebete beantwortet werden, sollen wir uns in eine vertrauensvolle Beziehung mit Gott begeben und uns aufmachen, ihn kennenzulernen. Ihn bitten, dass er uns begegnet! *So* werden unsere Gebete erhört.

Ich bin zur Überzeugung gelangt, dass ohne unsere Gebete die Welt ein noch finsterer Ort wäre. Unsere Bitten und Fürbitten gelangen vor den Thron Gottes und werden dort auf seine Weise und nach seinem Gutdünken beantwortet. Es gibt so viele Frauen in Klöstern und Männer in Gemeinschaften, die für die Welt beten. Gott wird diesen »Weihrauch«, der vor seinem Thron aufsteigt, für meine und andere Seelen genutzt haben. So sollen auch meine Gebete aufsteigen für die Menschen und Seelen, für welche nicht gebetet und gerungen wird.

Als Fürbitterin erlebe ich, dass mir Schmerzen auferlegt werden, mich intensive Gedanken »anfallen« und ich zu beten beginne. Später erfahre ich, dass dieser Mensch, für den ich ins Gebet ging, genau in diesem Moment mein »Für-ihn-Ringen«

nötig hatte. Auch das »Parallel-Gebet« – ich bete zeitgleich mit einem schwierigen Ereignis – lässt mich voll Zuversicht daran glauben, dass unsere Gebete gehört und erhört werden! Erfahrene Fürbitter und Beterinnen erzählen Ähnliches.

Manchmal stimmt es mich traurig, dass so wenige Christinnen und Christen vom Gebet Gebrauch machen. Wie innig werden die Beziehung und das Vertrauen zu Gott, wenn wir uns hineinknien in die Fürbitte. »Trachtet zuerst nach dem Reich Gottes ..., alles andere wird euch zufallen.« (Mt 6,33) Wir erleben, dass im Leben in Fürbitte für uns gesorgt ist! Wenn ich nicht für mich, sondern für andere bete, komme ich nicht zu kurz, alles wird mir geschenkt und gegeben, was ich selber dringend benötige oder mir auch einfach insgeheim wünsche. So gesehen ist »geben seliger denn nehmen«. Ich gebe mein Leben in der Fürbitte für andere Menschen und erhalte ein überreich gesegnetes Leben in Freude, Dankbarkeit, Zufriedenheit, Fröhlichkeit und Heil: »Wer sein Leben verliert, wird es gewinnen.« (Mt 16,25) Je näher ich zu Gott finde, umso mehr bin ich mir nahe und heil im umfassenden Sinn.

Kürzlich sagte jemand zu mir: »Das ist ja gut und recht zu glauben, aber ich will wissen!« Ich antwortete dieser Person: »Auch ich will wissen und verstehen. Meinen Glauben muss ich auch über meinen Verstand nachvollziehen; sonst kann ich nicht vertrauen und meinen Glauben auch nicht an andere Menschen weitergeben.«

Eine immer wiederkehrende Herausforderung ist es, zu erkennen, wann ich alles getrost in Gottes Hände legen und darauf vertrauen darf, dass er handeln wird. Und wann bin ich gefordert, im Vertrauen auf sein Mitwirken selber zu handeln. Hier helfen das Verstehen der biblischen Botschaften und das Wissen um sie, woraus wir IHN erkennen.

Aus der Stille schöpfen

Äußeres Schweigen, damit das innere Schweigen zum Tragen kommt.

Ich sitze da und schweige, meine Augen auf das Kruzifix gerichtet. Jesus, der da hängt, Maria, die da mit ihrem Sohn leidet. Das Schwert des Schmerzes, das ihre Brust durchbohrt. Langsam schließe ich die Augen und lasse Gedanken und Eindrücke des Tages fließen. Weder versuche ich sie festzuhalten, noch sie zu verscheuchen. Ein Gebet steigt aus meinem Herzen auf: »Gegrüßt seist du Maria, voll der Gnade, der Herr ist mit dir. Du bist gebenedeit unter den Frauen und gebenedeit ist die Frucht deines Leibes Jesus.«

Innig und mit Andacht spreche ich die Worte in meinem Geist, als Leitplanke für alles, was es jetzt zu kanalisieren gilt. Alles, was wegfließen darf, was nicht mehr gedacht und durchgekaut werden muss. Manchmal bemerke ich in einem solchen Moment, dass da etwas ist, was sich hartnäckig hervortut. Da unterbreche ich den Fluss, nehme einen Zettel zur Hand und schreibe: »Das Thema X später noch überdenken, durchkauen oder mir darüber noch Sorgen machen« – so kann ich es dann lassen, es ist ja notiert!

Erneut tauche ich in das konzentrierte Gebet ein, das ich nur in meinem Inneren spreche. Zunehmend übernimmt der Heilige Geist die Führung, ich kann in die »Versenkung« abtauchen und finde die gesuchte und ersehnte Stille im Herzen und in meinem Geist. Das Gebet verebbt, ich bleibe in der Konzentration.

Aus dieser Sammlung heraus erkenne ich Wege, kann ich Worte zum Gebet finden, Erkenntnisse schöpfen, einen Text formulieren oder auch einfach die Stille und Ruhe genießen, die meiner Seele so wohltut.

Im Alltag schöpfe ich daraus, dass ich besser zuhören kann; dass mir auch dort Eindrücke über mein Gegenüber oder über eine Situation geschenkt werden. Ich kann ruhig da sein und hören, was mir anvertraut wird. Das Gesagte sinkt in mein Herz und steigt dann im Schweigen vor dem Allerheiligsten wieder in geläuterter Form als Gebet für diesen Menschen auf, für seine Angehörigen, seine Anliegen.

Eine schweigende Haltung will eingeübt sein. Über viele Jahre »trainiert« man, »den Mund zu halten«. Erste Stufe: Ich lästere nicht über abwesende Personen. Zweite Stufe: Ich muss nicht meinen, zu jedem Thema etwas sagen oder immer meine Meinung kundtun zu müssen. Dritte Stufe: Ich übe mich, eine gute Zuhörerin zu sein, meinem Gegenüber im Gespräch den Vortritt zu lassen.

Hartes Training – jedenfalls für mich schon. Wie oft falle ich auch heute noch meinen Mitmenschen ins Wort, schlimm! Oftmals merke ich es nicht einmal …

Inneres Krafttraining, ebenfalls in drei Stufen. Erstens: Ich verabschiede mich von negativen Gedanken über anwesende oder abwesende Menschen. Zweitens: Ich beurteile und verurteile mein Gegenüber nicht. Prüfen ja, aber nicht urteilen. Drittens: Ich übe mich darin, vorurteilsfrei mit dem Herzen zuzuhören und den Kopf und sein »Schubladisieren« einfach mal wegzulassen.

Wir spüren, ob uns jemand wohlgesinnt ist oder eher kritisch gegenübertritt. Unser Hirn hat das Bedürfnis, einzuordnen, deshalb ist es ganz gut, es einmal zu umgehen und einfach mit offenem Herzen auf die Menschen und Situationen zuzugehen. Wir lieben mit dem Herzen und nicht mit dem Kopf. Der Kopf kann die Entscheidung treffen, um jeden Preis lieben zu wollen, aber Zuneigung und Wärme steigen aus dem Herzen.

Letzthin fragte mich jemand, ob ich während meiner Zeit des Schweigens mit den Hunden spräche. Wenn ich im »aktiven« Schweigen bin und vor dem Allerheiligsten sitze oder knie, dann spüren die beiden Hunde wohl meine Konzentration und respektieren mein Stillschweigen. Bin ich in der Klause, liegen sie auf ihren Schlafplätzen und sind mucksmäuschenstill oder »beten« mit mir in Liegerichtung Monstranz. Bete ich in der Kirche, warten sie in der Klause auf mich. Im »passiven« Schweigen erledige ich schweigend und konzentriert Hausarbeiten oder male Karten, dann streiche ich ihnen im Vorbeigehen übers Fell und flüstere ihnen auch mal ein »Schätzeli« zu. Mir ist nach der oben erwähnten Frage bewusst geworden, wie sehr die beiden mein Leben teilen und wissen, wann sie Stille zu wahren haben. Schmusezeiten sind im Tagesplan fest eingerechnet, damit sie nicht zu kurz kommen.

Schweigen hat viel mit Konzentration und Ausrichtung zu tun. Einfach so »vor mich hin schweigen« ist damit nicht gemeint. Das Schweigen der Eremitinnen und Eremiten ist ein Gebet – unsere ganze Ausrichtung zielt auf Gott, unser ganzes

Schauen gilt IHM, in der schweigenden Betrachtung, im beharrlichen Aushalten und Warten, bis ER zu unserem Herzen spricht, uns erfüllt, uns im Schmelztiegel des Leidens und der Einsamkeit läutert und prüft.

Wir hören viele Stimmen in unserem Inneren. Aber welches ist die, auf die es sich zu hören lohnt? Welche ist meine innere Stimme, die mir meinen ureigenen Weg weist? Durch das Schweigen kommen die vielen Stimmen und Meinungen zur Ruhe, sinken ab, und die Stimme Gottes erklingt hörbar wie eine Fanfare oder als ein zärtliches Flüstern, und wir wissen uns angesprochen und geleitet von unserem Schöpfer.

Gottes Stimme erkennen und verstehen

In unserem Alltag spricht so vieles zu uns: Tausende eigene Gedanken, fremde Worte und Überlegungen, dann erfahren wir so manches auch aus den Medien ... Wie erkenne ich in diesem Gewirr an Botschaften überhaupt noch, was Gott zu mir spricht? Und *wozu* soll ich überhaupt Gottes Stimme verstehen?

Eine größere Entscheidung steht an? Ich habe Schwierigkeiten am Arbeitsplatz? Streit mit einem Nachbarn? Ich möchte in meinem Leben Fülle und Glück? Mich weiterentwickeln, mich entfalten?

Gott ist die Liebe. Christus sagt von sich: »Ich bin der Weg, die Wahrheit und das Leben.« Die Liebe ist der Dünger, mich zu entfalten, gestärkt und gereift im Leben zu stehen. Christus selber ebnet mir den Weg in den Schwierigkeiten des Lebens und im Umgang mit meinen Mitmenschen. Er ist die gute Kraft, die konstruktive Lösung, die Brücke zum Überwinden schwieriger Lebenslagen.

Aber wie erkenne ich, welches sein Reden, seine Stimme ist? Zuerst beginne ich zu beten und ihn in mein Dilemma einzuladen: »Danke, mein geliebter Christus, dass ich mit ALLEM zu dir kommen darf. Du weißt um die Schwierigkeit, mit der ich zu kämpfen habe. Mein Leben gehört dir, mein Herz vertraue ich dir an. Bitte zeig du mir den Weg, den ich gehen soll, schenke mir Weisheit und stärke mich in der Liebe. Amen.«

Mit offenem Herzen und inneren Ohren bete ich jeden Tag für dieses Anliegen. Ich übe mich in Geduld und Demut, dass ich erst handle, bis ich sicher bin, dass er gesprochen hat und ich richtig verstanden habe. Das Gebet ist die Ausgangslage, weil ich auf diese Weise in Zwiesprache mit meinem Schöpfer trete. Als Weiteres nehme ich sein »Vermächtnis« zur Hand, die Bibel, das Wort Gottes. Das tägliche Lesen darin schärft meine Sinne für seine Handlungsweise.

Ich lese die Bibel auf zweierlei Art: ganze Kapitel, um die Zusammenhänge der Geschichte des Volkes Israel und der ersten christlichen Gemeinden zu erkennen; einzelne Verse, beispielsweise wenn ich Angst habe und Hilfe benötige: »Fürchte dich nicht, denn ich bin mit dir.« So verinnerliche ich diese Aussage, und sie stärkt mich im Glauben und Vertrauen, dass mir nichts geschehen kann, denn Gott selbst ist mit mir, das sagt er mir zu!

Gott ist Licht, durch die Stimme Christi erkenne ich immer besser den Weg, den ich gehen soll. Das ist das Zeichen dafür, dass ich recht verstanden habe: Ich fühle Frieden in mir über die getroffene Entscheidung, den eingeschlagenen Weg. Die Jahre, in denen ich mit meiner Berufung gerungen habe, waren voller Fragen, Zweifel, auch Angst. Immer deutlicher spürte ich aber, wohin es mit mir geht. Nun, da meine Familie und ich gemeinsam die Entscheidung gefällt haben, sind Frieden und Ruhe in mir; die Zweifel sind verstummt, die Angst weggeschwemmt und auf die Fragen erklingen immer mehr Antworten.

Um seine Stimme zu erkennen, schenkt uns Gott ein Charisma, die »Gabe des Geister-Unterscheidens«. Dadurch erkennen wir, was vom Heiligen Geist und was eben nicht von ihm getragen ist. Ich bitte Gott täglich darum, mir diese Gabe zu verleihen, damit ich deutlich sein Reden in meinem Leben und auch im Leben anderer erkennen mag.

Gottes Stimme widerspricht nicht der Heiligen Schrift und nicht der Tradition der Kirche. In meinen Fragen kann ich mit dem Lesen der Bibel Klarheit finden. Während des Weges der Entscheidung und des Fragens, Suchens und Zweifelns finde ich zunehmend Stellen, welche das in mir Verspürte bestätigen oder widerlegen. Deshalb ist es hilfreich, täglich die Bibel zu lesen, um immer »online« zu sein. Dies ist auch einer der Gründe, weshalb wir Gott täglich in der Liturgie suchen. Auf diese Weise bleibe ich von der Nahrung für Geist und Seele durchdrungen, die Christus im Wort und in der Eucharistie und in der Gemeinschaft der Gläubigen ist.

Man sagt auch, dass Gott seine Welt mit Vernunft geschaffen hat. So erkennen wir sein Reden darin, dass eine Entscheidung mit Vernunft nachzuvollziehen ist. Das will nicht heißen, dass ein Weg nicht unkonventionell sein darf! Ich erlebe Gott als fantasievoll und kreativ: Er ist der Kreator, der alles erschaffen hat! Wieso sollte er nicht neue Wege und unübliche Pfade mit uns gehen? Sie führen aber nicht ins Chaos und in die Verwirrung, sondern in die tiefe Liebe aller Kreatur gegenüber. Die Stimme ruft mich dorthin, wo ich Freude, Zuversicht, Trost und Hoffnung empfinde und anderen zu vermitteln vermag – immer aufbauend, nie destruktiv! Sein Ruf überfordert uns nicht. Er geht mit uns in unserem Tempo, und da dürfen auch mal Pausen sein. Erholung, Standortbestimmung.

Von kirchlicher Seite wird empfohlen, dass wir uns auch dem Urteil anderer, gereifter Gläubigen aussetzen. Menschen, die mit uns unterwegs sind, die uns kennen, sehen von außen oft deutlicher, was stimmig ist. Mein geistlicher Begleiter hat mich oft ermahnt, nicht so zaghaft zu sein. Er hat mir Mut gemacht, auf diese innere Stimme zu hören und mich kühn aufzumachen und weiterzugehen. Rückblickend hat es lange gedauert, bis ich mutig genug wurde, aus der Welt der bürgerlichen Werte auszusteigen und die Werte, die mir Christus ins Herz legt, zu verinnerlichen und zutiefst als die meinen anzunehmen und immer mehr umzusetzen.

Und wenn Gott schweigt? Obwohl wir alles, was die Kirche uns lehrt, anwenden? Obwohl wir die Bibel lesen und schweigend auf sein Reden warten? Und wir hören trotzdem – einfach nichts?

Befreiung

Kindlich sollen wir werden. Das Kindische und Unreife ablegen, das kindlich Vertrauensvolle uns aneignen. Wenn wir eine Zeit mit Gott unterwegs sind, folgt zunehmend die Phase, in der er uns ins »geistliche Erwachsenenleben« führen will. Es klingt wie ein Widerspruch: kindlich und doch geistlich erwachsen. Geistliche Reife heißt eben: alles, sein ganzes Leben von Gott abhängig zu machen. In kindlich vertrauensvoller Liebe an ihm hangen.

Wenn Gott schweigt

Damit wir reifen, werden wir in Wüstenzeiten geführt, in dunkle Nächte der Seele. Wir werden auf diese Weise an Leib, Seele und Geist geläutert. Diese Zeiten sind schwer auszuhalten. Wenn Gott schweigt, weil wir uns von ihm entfernt haben, finden wir Ablenkung in weltlichem Vergnügen. Schweigt er, weil er uns reinigen will, findet man keinen Trost in der Welt, und auch im geistlichen Leben herrschen Dürre und Trockenheit.

Die Gebete wollen nicht fließen, der Gottesdienst erfüllt mich nicht wie zuvor, Gott ist unendlich fern. Unerträglich ist das alles! Zuerst wusste ich gar nicht, was mit mir geschehen war.

Gott lässt mich an meine Grenzen gehen und auch darüber hinaus. Diese Phase dient der Entschlackung der Seele. Alles, was nicht im Willen Christi ist, wird weggeschnitten. Ich kann nicht behaupten, dass es Spaß macht. Es tut weh und ist oft genug mit Tränen, inneren Kämpfen, einer schmerzhaften Leere und Dunkelheit verbunden. »Und ob ich auch wanderte im dunklen Tal, dein Stecken und Stab trösten mich«, so wird uns im Psalm 23 zugesagt. Diese Zusage hilft mir zu wissen, er ist da, auch wenn ich nichts mehr von ihm spüre oder erfahre. Ich halte mich bloß noch an diesem biblischen Vers fest.

Warum will ich davon berichten und erzählen? Zum einen, weil es mich immer wieder berührt, dass der Weg mit Gott *nie* zu Ende ist. Zum andern, weil ich durch so manche Wüstenwanderung von Dingen befreit wurde, die ich als unentbehrlich betrachtet habe. Ich bin frei! Ich brauche in materieller Hinsicht nur das Notwendigste. Auch mein Selbstvertrauen nährt sich allein von Gottes Anerkennung. Ich fühle mich körperlich, seelisch und geistlich entschlackt. Gott allein ist alles.

Ich bin unterwegs. Auch ich freue mich über Ermutigung und Anerkennung von Menschen. Ab und zu lese ich gerne ein Buch oder esse mal was Feines. Uns werden Pausen auf diesen Wegen geschenkt, wir erholen uns und werden von unserem Schöpfer nicht überfordert. Trotzdem bleibt er »dran« und will uns in seine Vollkommenheit führen.

Ein Leben lang hegte ich den Wunsch, frei zu werden. Je länger ich mit Christus unterwegs bin, desto mehr wird mir diese innere Freiheit zuteil. Das macht mich glücklich. »Zur Freiheit habe ich euch befreit«, so spricht er. Daran erinnere ich mich, wenn ich eine Entscheidung zu treffen habe. Oder wenn ich jemandem zuhöre. Ich sehe in meinem Gegenüber die von Christus befreite Schöpfung, »denn siehe, Neues habe ich geschaffen«. Das gefällt mir so überaus gut – wir können in einer noch so vertrackten Situation stecken, Christus hat sie bereits neu geschaffen.

Auf ihn zu hören und mich von ihm umformen zu lassen lohnt sich, weil er den Weg aus dem Dilemma heraus kennt und für mich das Allerbeste will. Sein Bestes übersteigt um Längen das Beste, das ich mir in meinem menschlich-beschränkten Kopf vorstellen kann. Halleluja!

Da Gott uns geschaffen hat, kennt er uns besser, als wir uns selber zu kennen vermögen. Daher weiß er auch, was mir zutiefst hilft, guttut. Wozu er mich geschaffen hat, dorthin will er mich führen. Gott hat einen Plan mit jedem Menschen: ein liebevolles Ziel und Ankommen im ureigenen Leben, keine starre Schiene, auf der die Lebenskarre des Menschen läuft. Uns ist der freie Wille geschenkt. Aber das Ziel, das dürfen wir mit seiner Hilfe erreichen. Davon spricht die Bibel, wenn sie von Sünde spricht: Sünde ist nicht in erster Linie ein moralisches Vergehen, sondern die Verfehlung des eigenen Lebensziels.

Nachdem ich meine ersten Gelübde am 25. März 2011 abgelegt hatte, überfiel mich eine Phase des Schmerzes und des Trauerns: Ich erkannte, dass meine Berufung von Jugend an klar war. Mein Leben hätte weniger schmerzvoll und einfacher verlaufen können, wenn mein Weg schon damals erkannt und begehbar gemacht worden wäre. Diese Erkenntnis traf mich zutiefst. Ich empfinde sie – vom heutigen Standpunkt aus betrachtet – als die schmerzhafteste überhaupt.

Dass ich Kinder empfangen und durch ihre Kindheit und Jugend begleiten durfte – und heute als erwachsene Menschen immer noch begleiten darf –, ist mir ein großes Geschenk! Ich möchte das nicht missen und bin zutiefst dankbar dafür. Und genau das zeigt mir: Der Weg kann so oder so gehen, das Ziel ist entscheidend. Dahin zu gelangen, wozu ich geschaffen und gerufen wurde, darum geht es im Leben.

Das Lieblingsbilderbuch meiner Kindheit ist das »Pitschi«: das kleine Kätzchen, das immer etwas anderes sein wollte. Es kann sich noch so bemühen, richtig zu bellen, es wird kein Hund werden. Auch wenn es stolziert wie ein Gockel, es wird trotzdem kein Hahn. Schwimmen wie eine Ente mag es noch so fleißig üben, es bleibt eine Katze. So ist es auch bei uns Menschen. Uns wurde vom Schöpfer eine Bestimmung in unser Leben gelegt. Die gilt es zu erfüllen und einzunehmen. So erfahren wir Glück und erfülltes, gelungenes Leben.

Befreiung durch Hingabe

Ich bin mir bewusst, dass mein Leben von Brüchen und Umbrüchen geprägt ist; trotzdem hat Gott mich gerufen und berufen und ich bin ihm zutiefst dankbar dafür.

Ich bin zur tiefen Überzeugung gelangt, dass es sinnvoll ist, sich verbindlich einer Konfession oder Religion und deren Regeln unterzuordnen. So laufe ich nicht Gefahr, mich zum Maß der Dinge zu erhöhen, sondern ich lerne, mich einzuordnen und im Sinne von Demut unterzuordnen. Diese Haltung befähigt mich, Verantwortung zu übernehmen, einen Überblick zu erhalten und dem mir anvertrauten Menschen respektvoll gegenüberzutreten und ihn in seiner Würde vor Gott, unserem gemeinsamen Schöpfer, zu sehen.

Christo-zentrisch – Christi Werte sind das Zentrum meines Denkens und Handelns, nicht mein Ego, nicht meine Angst, nicht meine Gier. Das Bewusstsein, dass wir Geschöpf sind, geschaffen vom Schöpfer, zu dem hin wir leben. Wir werden wahrhaft frei nur in der Abhängigkeit zu ihm, denn dadurch bin ich nicht mehr von anderen Menschen abhängig, nicht von irgendwelchen Mächten. Habe ich den Mut und die Entschlossenheit, mich diesem Gott der Barmherzigkeit und Liebe – dem Guten Hirten – hinzugeben, werde ich frei; das ist Erlösung.

Dank als Segen

Jeden Abend überlege ich mir, wofür ich Gott heute danken könnte: für das laue Lüftchen und das Vogelgezwitscher; die erfreuliche Begegnung mit der freundlichen Nachbarsfrau; die bunten Blumen am Wegrand und die großen Bäume im Wald; Essen und Trinken und die nicht selbstverständliche Gesundheit.

Ich stelle mir die Aufgabe, jeden Abend mindestens fünf Dinge aufzuzählen, für die ich dankbar bin oder sein will. Als undankbares Frauenzimmer, das ich lange war, wurde mir das zur Herausforderung. Bald realisierte ich, dass Dankbarkeit eine Übungssache ist. Nach dem ersten zähen Kampf, das Schöne und Gute in meinem Leben zu sehen, floss es regelrecht aus mir heraus und ich konnte kaum aufhören, für so vieles zu danken. Ich begann zu begreifen, dass es auf heilsame Weise Segen und Hilfe schafft, wenn ich auch für das Schwere und Unverständliche danke. Dankbar für Schmerzvolles zu sein ist ein Ausdruck dafür, dass ich Gott um jeden Preis vertraue, auch wenn mir und anderen schwierige Dinge zustoßen, die ich nicht verstehe.

Wir alle wissen, dass wir das nicht auf Anhieb schaffen. Zu groß mögen der Verlust, der Schmerz, die Angst sein. Wenn wir uns aber danach ausstrecken, wird es immer mehr zu einer Lebenshaltung, die uns stark macht. Was uns zustößt, haut uns durch diese Haltung nicht um! Vielmehr treibt es uns in die Arme Gottes. Wie oft kreisen wir ewig lange um die Frage, warum Gott etwas zulässt. Wir wissen es nicht! Ich denke, wir werden diese Frage hier in dieser Welt nie wirklich befriedigend beantworten können. Aber es ist uns möglich, den Trost, die Hilfe und die fürsorgliche und liebende Gegenwart unseres Heilandes zu erfahren. Wir erleben sein Eingreifen und Handeln!

Glaubensweg als Emanzipationsweg

Lange Zeit war ich in die engstirnigen und engherzigen Vorstellungen eingesperrt, wie »man« als Frau oder überhaupt als Mensch zu sein hat. Mit der Hingabe an Gott wurde für mich etwas Wesentliches möglich: Ich begann mich zu entfalten. Er hat mich nicht eingezwängt, sondern befreit, damit ich ich selbst werden und sein konnte. Beispielsweise wurde ich ja dazu erzogen zu schweigen, wenn die Erwachsenen sprechen. Wenn ich dann aber doch meine Meinung kundtat, wurde ich geschlagen. So habe ich nie wirklich gelernt, eine eigene Meinung zu haben und diese auch einzubringen – geschweige denn anzunehmen, dass es vielleicht jemanden interessieren könnte, was ich denke und wie ich etwas sehe. Lange Zeit war ich zerbrochen und irgendwie stumm.

Wie groß war daher mein Staunen, als ich plötzlich erfahren und erleben konnte, dass Christus das ganz anders sieht: Er will, dass ich rede, mich entfalte und alles mit Freude tue. So sehe ich das auch bei anderen Menschen: Er will deren Kern zum Leuchten bringen, das Wesentliche zum Vorschein kommen lassen, das, was uns wahrhaft glücklich macht und wonach wir uns tief im Innern sehnen.

Rückblickend erkenne ich, dass meine Eltern sich große Mühe gaben, aus mir jemand Angepassten zu formen. Ich denke, dass sie nach dem Motto: »Was ein Häkchen werden will, das muss sich beizeiten krümmen«, erzogen haben. Ein Mädchen hatte nach den Vorstellungen der damaligen Generation oft angepasst und brav zu sein. Eine Frau musste eine gute Partie machen und eine tüchtige Hausfrau und Mutter werden.

Ich widersetzte mich diesen bürgerlichen Werten von Kind an. Natürlich konnte ich das zu diesem frühen Zeitpunkt noch nicht in Worte fassen. So war ich in ihren Augen widerspenstig und ungehorsam. Die Frage, warum ich mich als Mädchen anders verhalten sollte als mein Bruder, quälte mich, und ich erinnere mich an eine Phase während der Pubertät, in der ich kein Mädchen, sondern ein Junge sein wollte. Ich wäre beispielsweise gerne Schreiner geworden, um Möbel zu bauen. Holz anzufassen empfinde ich bis heute als ein erdendes und wunderbares Gefühl. Viel lieber, als der Rolle eines Mädchens zu entsprechen, wäre ich auf Bäume geklettert, und Abenteuer im Wald waren für mich Leben pur.

Ich erinnere mich an einen Satz, den ich in meiner Jugend oft gehört habe: »Das tut ein Mädchen nicht.« Wie man sich als Mädchen zu bewegen und hinzusetzen hatte, war mir ein Gräuel, und es erschreckt mich, wie viele dieser Mechanismen und Moden noch heute gelten!

»Als Mann und als Frau schuf er sie«: Die beiden Geschlechter sollen einander ergänzen. Gleichberechtigtes Beieinander-Leben und -Arbeiten heißt nicht, dass wir gleich sein müssen. Aber ich bin gegen Rollendenken und Klischees. Nicht nur Männer und Frauen ergänzen einander, sondern die Menschen überhaupt in ihrer Vielfalt.

In der Jugendzeit quälte ich mich durchs Leben, weil ich der erwarteten und geforderten Rolle nicht entsprechen konnte – und auch nicht wollte. Ich sah den Sinn nicht, eine Rolle zu leben. Wir sind auch ohne Rollenklischee unterschiedlich. Das ist wie ein bunter Strauß vieler verschiedener Blumen. Beharren wir auf den Rollen, gibt es nur zwei Sorten Blumen. Darf jeder Mensch sein, wie er geschaffen und gemeint ist, haben wir die schier unendliche Vielfalt.

So begann ich mich aus diesen engstirnigen und engherzigen Vorstellungen herauszuschälen und im tiefsten Inneren auf die Suche zu machen: »Wer bin ich? Wie bin ich gemeint? Wozu bin ich geschaffen worden?« Die gesellschaftlichen Normen und Vorschriften empfand ich als lebenshemmend und einengend. »Weg damit«, so dachte ich und las viel, um mir klar zu werden, was denn eigentlich meine Gefühle und Gedanken sind. Zu Beginn benötigte ich ein gutes Quantum Mut, um mich querzustellen und meine Meinung zu vertreten, denn das widersprach dem Bild der braven und angepassten Tochter.

Bis ich eines Tages in einem Moment der Verzweiflung die folgenden Worte höre: »Bist du jetzt bereit, das zu sagen, von dem ICH will, dass du es sagst?« Ich erschrecke zutiefst und falle auf die Knie: »Ja, Herr«, antworte ich und habe keine Ahnung, was ich nach SEINEM Willen sagen soll.

Von diesem Moment an mache ich die Erfahrung eines »Bandes« in meinem Inneren: Momente, in denen ich ganz deutlich weiß, was ich sagen soll, weil ich mich an diesem »Leitfaden« halten kann, auch in schwierigen Momenten. Wenn mich beispielsweise jemand angreift und attackiert, werden mir Worte gegeben. Dasselbe auch, wenn jemand einen Rat sucht oder Hilfe braucht. Mir fällt die Bibelstelle ein, als Jesus den Jüngern zusagt, dass der Heilige Geist uns, wenn wir sogar vor Gericht gezerrt werden, die rechten Worte eingibt. Ich darf darauf hoffen und Gott demütig darum bitten, dass er mir dieses Band täglich neu schenkt.

Die tiefen Erfahrungen des Redens Gottes helfen mir, immer unabhängiger und eigenständiger zu werden. Er ist da, er hilft mir und stärkt mich. Wenn es darum geht, von ihm zu sprechen, fürchte ich mich nicht. Ich spreche ja in seinem Auftrag, da darf mir niemand den Mund verbieten. Es macht für mich einen Unterschied, ob ich in seinem Auftrag spreche oder in »meinem«.

Es geht nicht einfach darum, meinen Gedanken und Meinungen zu dienen, sondern ihm – dem Übergeordneten. Ihn bitte ich jeden Tag neu, dass er mir die Gabe schenkt, mit Weisheit unterscheiden zu können, wo ich unabhängig und eigenständig meinen Weg einschlagen darf und wo ich mich seiner großen Liebe und seinem Handeln hingeben soll.

Durch Loslassen zu mehr Gelassenheit

Sie sitzt vor mir und es sprudelt nur so aus ihr heraus. All das viele, das war und jetzt zunehmend ein Gefühl der Ohnmacht und Unklarheit hinterlässt. Hilflos lächelnd meint sie: »Gott glänzt in meinem Leben durch Abwesenheit.«

Sie sitzt da und erzählt von unzähligen Bewerbungen und den darauf folgenden Absagen. Immer wieder sei sie in der engeren Wahl gewesen, und auch wenn sie eigentlich alles Erforderliche erfüllt habe, sei doch nach dem Vorstellungsgespräch wieder eine Absage im Briefkasten gelegen. Ein Gedanke nimmt von ihr Besitz: »Kann es sein, dass Gott etwas anderes von mir will?«

Ich antworte: »Ganz offensichtlich spricht Gott zu Ihnen in Ihrer jetzigen Situation, und es ist Ihnen auch die Weisheit geschenkt worden, es zu erkennen!«

Wir sprechen über mögliche Wege, über tiefe Wünsche und auch über Ängste. Sie könnte sich den Weg in eine klösterliche Gemeinschaft vorstellen, möchte aber als gute Großmutter für ihre Enkelinnen und Enkel da sein, Ausflüge unternehmen, Geschichten erzählen und vieles mehr. Daran ist für sie nicht zu rütteln.

Ich denke an meinen eigenen Weg und an das zukünftige Bild, das ich von mir vor Jahren pflegte: ich als Großmama. Spielzeuge der Kinder wurden liebevoll weggepackt, damit die Enkelkinder einst damit spielen könnten. Pläne wurden geschmiedet, wo ich mit ihnen überall hingehen würde. Doch dann folgte ich meiner Berufung, was auch den Abschied von meinem Bild »als Großmama« zur Folge hatte. Nur dadurch, dass ich Altes ließ, konnte Neues entstehen. Loslassen und in Gottes Hände legen, alles! Auch Gutes!

Loslassen ist ein Schritt zur Gelassenheit. Was ich gelassen habe, davon bin ich befreit und ich brauche mir darum keine Sorgen zu machen. Ich brauche keine Markenkleider, keine Topfigur, keine Diplome und Ehrungen, um Anerkennung zu finden. Es reicht, dass ich bin!

Die Anerkennung Gottes ist mir Anerkennung genug. Dankbar genieße ich die wärmenden Sonnenstrahlen, die tanzenden Schmetterlinge, das Rauschen des Wassers und das Zwitschern der Vögel; ich freue mich über die fröhlich spielenden Kinder, die witzigen Jugendlichen und deren Sprüche, Begegnungen mit allerlei Menschen; ich schätze die Gesundheit und in Krankheitstagen die Kompetenz der Ärztin und des Therapeuten und die Chance, durch die Krankheit vieles wieder mit neuen Augen betrachten zu können; den Geschmack der Karotte und deren Farbe nehme ich bewusst wahr, ich beiße in einen Apfel und sauge den Saft auf; beobachtend verfolge ich den Nestbau der Bachstelzen und anderer Vögel, betrachte den stillen Flug der Fledermäuse; ich lese ein Buch und höre auf die Geschichte, die mir die Autorin erzählt.

Loslassen heißt aber nicht: alles über Bord werfen! Auch wenn ich heute nicht die Großmama bin, die ich mir einst vorstellte, so kann ich das Zusammensein mit meiner Enkelin doch in vollen Zügen genießen. Ich kann am Leben meiner Kinder Anteil nehmen und Menschen aus meinem früheren Leben begegnen, so wie ich bin!

Sich bewegen und berühren lassen

In Bewegung bleiben

Das Didgeridoo röhrt, andere Instrumente stimmen ein. Ich bewege mich zum Rhythmus der Musik. Alles ist in Bewegung. Ich schwitze und bin außer Atem, achte aber nicht weiter darauf. Zehn Frauen bewegen sich im Kreis um mich herum, damit ich geschützt bin und nicht falle. Wir wechseln uns ab. Immer wieder tanzt eine andere Frau in der Mitte des Kreises: »Wie eine schützende Burg umgibst du mich«! So erlebe ich das Tanzen bei diesem Wochenendkurs. Wie gut tut es, sich der Musik hinzugeben, Kontrolle abzugeben, sich zu bewegen, im Fluss zu sein, die Musik und den Rhythmus zu spüren. Tanzen ist ein Ausdruck meiner Seele.

Manchmal schaue ich durch das Klausen-Fenster den Joggerinnen, Bikern, Spaziergängerinnen und Hundehaltern zu und freue mich an ihren Bewegungen. Danach führe ich meine eigenen Hunde spazieren. Durch diese äußere Bewegung kann ich vieles in meinem Inneren in Fluss bringen, kanalisieren und ordnen. »Gebetsmärsche« nenne ich das. Das Rosenkranzgebet fließt während des Gehens wie von selbst.

Mir wird bewusst, dass in innerer Bewegung nur sein kann, wer sich gehalten, getragen und geschützt weiß. »Haltlose« Menschen erstarren und verkrampfen sich. Zu groß ist die Angst davor, die Kontrolle zu verlieren, anstehenden Veränderungen nicht gewachsen zu sein. In seelsorgerlichen Gesprächen kann geschehen, dass etwas in der Seele meines Gegenübers durch das vertiefte Reden ausgelöst wird und in Bewegung kommt. Dann ist es meine Aufgabe, Halt zu geben. Ich bin aufgefordert, darauf zu achten, dass ich Ratsuchende nicht weggehen lasse, die noch aufgewühlt und zu bewegt sind; sich vielleicht zu sehr in Angst und Schrecken befinden vor der Veränderung, die aufleuchtet und anklingt in der suchenden und fragenden Seele. Sonst erstarrt der Mensch und das Neue kann sich nicht entfalten. Es braucht Zeit, die aufgewühlte Seele zu besänftigen und zur Ruhe kommen zu lassen.

Als christliche Eremitin finde ich meinen persönlichen Halt in Gott. »Eine feste Burg ist unser Gott«, so besingt ein Lied des evangelischen Kirchengesangbuchs seine Stärke. Martin Luther hat es nach Psalm 46 geschrieben. In diesem Psalm lesen wir: »Gott ist uns Zuflucht und Stärke, ein bewährter Helfer in allen Nöten. Darum fürchten wir uns nicht…«

Aus diesem Wissen heraus, dass er mir Stärke, Kraft, Zuflucht und Ort der Geborgenheit ist, kann ich innere Bewegung zulassen, mich durch das Leben und meine Mitmenschen bewegen und berühren lassen. Nichts muss mich ängstigen, nichts brauche ich zu fürchten. Und wenn mich doch etwas in Angst und Schrecken versetzt, so flüchte ich mich zu ihm und halte still, bis er mich getröstet und beruhigt hat. So mag ich getrost aus der Erstarrung heraustreten und wieder in den Fluss des Bewegtseins gelangen.

Den Halt finde ich im Gebet, dem Reden mit Gott und im Schweigen, dem Hören auf Gott. Im täglichen Lesen der Bibel lerne ich ihn und seine Weisungen kennen, die mich durch das Leben führen, mir in jeder Lebenslage Rat geben. Das ist die Nahrung, die meine Seele stärkt, sie mit Freude und gutem Willen erfüllt. So kann ich in Bewegung bleiben, ohne den Halt zu verlieren – auch wenn einmal ein stürmischer Wind durch die Schlucht weht.

Ein Plädoyer für die Berührung

In der Ausbildung zur Atemtherapeutin lernte ich, den eigenen Körper als Raum zu erspüren: Wo »ende« ich und wo beginnt mein »Außenbereich«. Kommt mir jemand zu nah? Trete ich meinerseits zu dicht an eine Person heran? Körperarbeit tut gut, entspannt und stärkt die Wahrnehmung – sich selbst und den anderen gegenüber.

Berührungen sind für uns Menschen wichtig und heilsam. Berührung geht oft tiefer, als Worte es tun, sie trifft den Menschen in seinem Inneren umfassender. Ich bin überzeugt, dass es hilfreich wäre, wenn wir im Alltag auch eine wärmere Körpersprache sprechen könnten; wir könnten Menschen auch in ihrer Sprachlosigkeit abholen: in ihrer Isolation, Einsamkeit, Depression, Kontaktlosigkeit, Angst, Ohnmacht – aber vielleicht auch in ihrer Wut, Aggression, ihrem »Sich-nicht-mehr-Spüren«. Als Mutter, Erzieherin und Betreuerin machte ich öfter die Erfahrung, dass Jugendliche oder an Demenz erkrankte Menschen, die ausrasten und mit Worten nicht mehr zu erreichen waren, sich von einer Berührung »abholen« ließen.

Okay, es kann auch das Gegenteil geschehen: »Fass mich nicht an!« Es braucht ein gutes Gespür und Weisheit, um die

Körpersprache sinnvoll einzusetzen. Und wenn ich trotzdem eine Grenze überschreite, entschuldige ich mich dafür und suche wenn möglich das respektvolle Gespräch. Ich merke aber auch, dass sich hier etwas verändert hat. Dass wir körperliche Berührung oft kaum noch ertragen und sogleich als Übergriff erleben.

Weshalb? Ich beobachte unseren Alltag: Bewegungsmelder – ich muss keinen Schalter mehr betätigen. Handy – ich »tippe« den Bildschirm kurz an, ohne eine Taste zu drücken. Sogar das Kochen geschieht, ohne auch nur einen Schalter umzulegen. Wir »berühren« die Dinge nicht mehr, wir fassen sie nicht mehr richtig an. Alles geschieht in einem kurzen »Tippen«, immer distanziert und unverbindlich – es kann ja alles wieder rückgängig gemacht werden.

Ähnliches beobachte ich, wenn ich im Zug sitze. Eigentlich wäre doch jetzt die Gelegenheit, mit dem Gegenüber in Kontakt zu treten, sich auszutauschen, vielleicht eine neue Bekanntschaft zu schließen oder durch einen freundlichen Smalltalk ein wenig Farbe ins Leben zu bringen.

Nur durch wirkliche Begegnungen werden wir erfüllt. Auf diese Weise wird unser Herz berührt und erwärmt. Wenn wir nur mutiger wären! Warum ist es falsch, sich einzubringen, herzugeben? Ich höre Menschen sagen: »Ich will mich nicht verletzen lassen.« Wenn wir den Mut aufbringen, uns herzugeben, uns wirklich auf die anderen Menschen einzulassen, ja, dann kann es geschehen, dass wir verletzt werden. Aber solange wir den Mut aufbringen, uns mit dem Auto den Gefahren des Straßenverkehrs auszusetzen – können wir uns dann nicht auch auf eine Begegnung und Berührung durch unsere Nächsten einlassen?

Umgang mit dem Tod in unserer Gesellschaft

Auffallend ist, dass wir die verstorbenen Mitmenschen sofort aus unserer Mitte »entfernen«, sie nicht mehr mit unserer Fürsorge für ihren letzten Weg umgeben. Wir lassen uns zu wenig Zeit, Abschied zu nehmen und den Verstorbenen von hier aus auf seiner Reise in die andere Welt zu begleiten.

Noch vor 30 Jahren hielt man am offenen Sarg Totenwache und betete die Totengebete. Kerzen brannten. Ein intimer Abschied, eine letzte innige Zwiesprache, bei der Unausgesprochenes noch gesagt und vergeben werden konnte. In meiner Kindheit war es üblich, die Toten zu Hause abzuholen: mit dem schwarzen Totenwagen, davor das Pferd gespannt, die Trauergemeinde folgte. Der Sarg wurde in die Kirche getragen, der tote Mensch gehörte mitten in die Gemeinschaft der Lebenden. Anschließend, nach der Trauerfeier, folgte man den Sargträgern auf den Friedhof: die Trauerfamilie zusammen mit Freunden und Bekannten. Danach traf man sich bei Speis und Trank: ein Ausdruck der Gemeinschaft, in der die Trauerfamilie aufgehoben war und die das Weiterleben der Hinterbliebenen einfacher machen sollte.

Mir fällt beim Lesen der Evangelien auf, dass Jesus bei Totenerweckungen immer wieder sagt: »Gebt ihm etwas zu essen.« »Essen hält Leib und Seele zusammen«, so sagt der Volksmund und bringt so zum Ausdruck, dass man einem Geschehen umso entschlossener begegnen soll, je drastischer es war. Ein Essen erdet den Traumatisierten oft schneller als eine psychologische oder theologische Erklärung. Eine Umarmung schenkt direkt Geborgenheit und ist hilfreicher als viele Worte.

Was ist geschehen, dass wir heute Trauerfeiern ohne die Hauptperson begehen? Weshalb ist der Umgang mit Tod und Sterben so steril geworden? Fürchten wir uns so sehr vor unserem eigenen Sterben? Ängstigt uns unsere Vergänglichkeit, weil wir tief in unserem Innersten wissen, dass Gott uns zum Leben und nicht zum Tode hin geschaffen hat?

Verdrängen wir, weil wir spüren, dass diese Einsicht Konsequenzen hat? Die logische Folgerung, dass wir – statt den Tod und die Verstorbenen aus unserer Mitte zu verdrängen – das Leben suchen? Ihn? Er, der das Leben schlechthin ist?

Katholische Christin

Täglich kommen viele Menschen in die Einsiedelei. Manche sind auch von religiösen Fragen und spiritueller Suche angetrieben. Doch fühle ich mich nicht dazu gedrängt, eine Glaubensdiskussion zu entfachen. Gerne trete ich mit ihnen in einen Dialog, in den ich auch mein Credo als Christin einfließen lasse. Man soll erkennen können, dass ich an Christus glaube. Dabei erwarte ich, dass man mir mit demselben Respekt begegnet, den ich meinen Mitmenschen entgegenbringe. Leider ist das nicht immer so.

Berufung als Christin – offen gegenüber anderen Religionen

Ich schmücke gerade in der Martinskapelle den Weihnachtsbaum. Ein Mann betritt den Raum und erklärt mir, dass hier schon ein »Kraftort« war, bevor die Kapelle gebaut wurde. Ich bestätige dies, auch ich habe Kenntnis davon, dass sich hier einst ein keltischer Ritus-Platz befunden hat. Das ist kein Problem für mich. Im Gegenteil: Mir gefällt es, dass die Heilige Verena als Brückenbauerin zwischen der keltischen und der christlichen Tradition gilt, und sage das dem Besucher.

Statt einer spannenden Diskussion über diesen Ort und dessen Wirkung auf so viele unterschiedliche Menschen bekomme ich eine Belehrung, wie falsch das Christentum sei und dass nur der ursprüngliche Kraftort Gültigkeit habe. Ich schweige. Was soll ich dazu sagen? Das ist seine Sichtweise, ich respektiere sie. Dass ich eine andere habe, lässt er in diesem Moment nicht gelten. Ich finde es schade, denn so verpassen wir die Chance auf einen bereichernden Austausch. Menschen mit anderem Glaubenshintergrund befruchten mich – wir bereichern uns gegenseitig.

Regelmäßig kommt auch ein Mann zu mir, der sich für den Buddhismus begeistert. Ich frage ihn, wieso er zu mir komme, denn mein Weg sei doch ein christlicher. Weil ich seine Not sehe, rate ich ihm, dass er sich in eine klare Suche und Hingabe begeben soll, sei es in christlicher oder buddhistischer Weise, aber verbindlich. Ab und zu Musik hören und dazu Räucherstäbchen anzünden kann schön und hilfreich sein. Aber wenn ein Glaube auch in schweren Zeiten tragen soll, ist seine Vertiefung nötig. In solchen Phasen des Lebens müssen wir tief graben. »Trachtet zuerst nach dem Reich Gottes…, alles andere wird euch zufallen«, so lesen wir (Mt 6,33).

Plötzlich nimmt das Gespräch ein abruptes Ende, indem mein Besucher mir unterstellt, ich wolle zu Gott bekehren. Offensichtlich ein Missverständnis. Ich knie vor dem Allerheiligsten, spreche ein Gebet, nehme die Kommunion stellvertretend für diesen leidenden Menschen ein.

Ich will niemanden in seiner Verzweiflung im Stich lassen. Jeder und jede soll zu mir kommen dürfen, das Herz ausschütten, ungeachtet der Konfession, Religionszugehörigkeit, Spiritualität oder auch wenn da kein Glaube ist. Es kommt vor, dass Atheisten mit mir darüber diskutieren, weshalb ich glaube und wieso sie nicht glauben. Das ergibt sehr spannende Diskussionen.

Hinterfragt zu werden ist für mich kein Problem. Ich erwarte aber auch, dass mein Glaube respektiert wird. Ich bin und bleibe eine Christin, die als Eremitin der römisch-katholischen Kirche mit ökumenischer Offenheit lebt. Wer bei mir eine geistliche Begleitung sucht, lässt sich auf einen christlichen Weg ein. Meine Aufgabe sehe ich im Zuhören. Mein Begleiten soll ermutigen, stärken, klären und der Entfaltung der Spiritualität meines Gegenübers dienen. Ich mache keine »Bekehrungsversuche«, das ist mir selber zutiefst zuwider. Ich kann aber nicht jedem und jeder das gewünschte oder gar geforderte »spirituelle Menü« servieren.

Als Hüterin der Einsiedelei in der Verenaschlucht bin ich gewählt worden, um die Besucherinnen und Besucher herzlich willkommen zu heißen. Aber sie sind und bleiben Gäste und ich wünsche mir, dass sie dem Ort und der Einsiedlerin auch mit entsprechendem Respekt begegnen.

Als Frau in der Kirche

»Bekennt einander eure Sünden und betet füreinander«, so lesen wir im Neuen Testament (Jak 5,16). Die römisch-katholische Kirche hat in ihrer Fürsorge für die Menschen diesen Auftrag mit der Beichte institutionalisiert: Beim Priester dürfen wir unser Herz ausschütten und werden mit Ermahnung und Korrektur, Barmherzigkeit und Lossprechung beschenkt. Meine persönliche Meinung: Die Beichte ist eine gute Einrichtung, die auch ich gerne in Anspruch nehme.

Es gibt aber Dinge, die ich lieber mit einer Frau besprechen möchte. Hier wünschte ich, der Priesterdienst dürfte in unserer katholischen Kirche auch von Frauen ausgeübt werden. Zwar kann ich mich einer Seelsorgerin anvertrauen, doch für die Lossprechung muss ich den Priester aufsuchen und mit ihm über Dinge reden, worüber ich mit einem Mann vielleicht lieber nicht sprechen möchte. Es gibt Momente, da empfinde ich es als Demütigung, die Absolution nicht von einer Frau annehmen zu dürfen – ein männliches Gegenübers versteht mich als Frau nicht so, wie das einer Schwester im Herrn möglich ist.

Kürzlich fand in der Martinskapelle ein Wortgottesdienst mit einer Pilgerinnengruppe statt. Wie reich wurde ich durch unser Zusammensein beschenkt! Durch die Kraft der katholischen Frauen, die meinen Glauben teilen, und durch die offene Begegnung mit ihnen.

Der Mutter Kirche fehlen – aus meiner Sicht – noch immer weibliche Ressourcen. Ich bin dankbar zu erfahren, dass Bischöfe Frauen in ihren Stab von Mitarbeitenden aufnehmen, und hoffe zutiefst, dass sie sich in ihrer Weiblichkeit dort einbringen können und ihnen der Raum dazu gegeben wird. Unsere Kraft und Weisheit ist eine andere als die der Männer. Unsere Mütterlichkeit und Fürsorglichkeit, die Schwesternschaft und die weibliche Empfindung und Sichtweise sollen wahrhaft Raum einnehmen in allen Bereichen der Kirche, denn es steht geschrieben, dass der Geist über alles Fleisch kommen werde, ob Freie oder Sklaven, Mann oder Frau.

Dankbar bin ich für das Wirken der Gottesmutter Maria. Sie lebt mir vor, wie ich meine Weiblichkeit und erweiterte Mutter-

schaft zutiefst geläutert Gott und den Mitmenschen zur Verfügung stellen kann.

Maria: Eine Frau tritt in mein Leben

*Psalm 23: »Der Herr ist mein Hirte, nichts wird
mir fehlen.«*

Als ich ein Kind war, berührte mich Maria auf ganz eigentüm-
liche Art. Mir schien sie zutiefst eine Heilige zu sein. Ihre Sanftmut und dass sie die Aussagen der Menschen über Jesus hörte
und in ihrem Herzen bewegte, faszinierte mich zutiefst. Ich
hatte die Empfindung, dass sie nie ein unnützes Wort gesprochen hat.

Dass ich bei den Weihnachtsfeiern und Krippenspielen nie
die Maria spielen durfte, war für mich klar: viel zu unwürdig
fühlte ich mich, dieser heiligen und sanften Frau ein Gesicht
zu geben. Später verlor ich sie aus den Augen. Anderes trat in
den Vordergrund. Aber auch als ich mich bereits auf dem
Glaubensweg befand, »arbeitete« sie im Verborgenen an unserer Begegnung.

Mit meiner Konversion zur römisch-katholischen Kirche begann ich mich mit ihr auseinanderzusetzen. Vieles betrachtete
ich kritisch und brachte es nicht in meinen Kopf hinein. Sie aber
scheint beschlossen zu haben, mir als Mutter zu begegnen. Sie
hat mich an ihrer Hand geführt, bereits vor langer Zeit, ohne
dass ich es bemerkt habe.

Meine Gelübde legte ich an Marientagen ab. Das erste am
Tag »Mariä Verkündigung« und das zweite am Tag der »Unbe-

fleckten Empfängnis«. Das hat sich so ergeben. Und das gab mir Stoff zum Nachdenken. Ich glaube nicht an einen Zufall.

Maria begegnet mir zutiefst als Mutter, die mich in ihre Schar ruft. Wie unverständlich für mich! Trotzdem folge ich vertrauensvoll diesem Weg, lasse mich darauf ein. Mein geistlicher Begleiter schenkte mir zwei Bücher zum Thema Maria. Ich begann zu begreifen: Maria ist die Mutter Jesu und so führt sie alle Menschen, welche sich ihrer Obhut anvertrauen, zu ihm. Ich bin ja auch Mutter und freue mich, wenn meine Kinder eine innige Beziehung zueinander und miteinander pflegen.

So weihe ich jeden Tag neu mein Leben ihrem Mutterherzen. Sie ist mir Vorbild in meinem Frausein, Muttersein, in meiner Weiblichkeit. Ich lasse mich von ihrem Wesen bewegen und umwandeln.

Der Heiligen Gottesmutter wird die Stellung einer Königinnenmutter verliehen, Jesus Christus wird als Pantokrator, Weltenrichter, dem man in Gesängen, Oratorien, der Kniebeuge vor dem Allerheiligsten usw. alle Ehre zuteil werden lässt, und als Heiland und Erlöser der Welt verehrt und angebetet. Im Gegensatz dazu sind die Mariengesänge »nur« Verehrung – keine Anbetung! Wir lieben und verehren Maria, weil Jesus – ihr Sohn – der König über alle Könige und der gute Hirte der Menschen ist.

Immer noch faszinieren mich ihr stilles Zuhören und ihre Sanftmut. Sie sagt aber auch klar, was Sache ist. Hochzeit zu Kana: Eine Hochzeitsfeier findet statt und der Wein geht aus! Sie erkennt das Problem. Sie vertraut ihrem Sohn. Sie weist die Diener der Hochzeitsgesellschaft an: »Tut, was er euch sagt!« Das erste Wunder Jesu geschieht!

Ich stelle mir die Jünger vor, wie sie gemeinsam mit Maria beten, Brot brechen, Psalmen singen. Sie wundern sich, staunen und freuen sich über die Auferstehung Jesu Christi. Maria wird einen Ehrenplatz unter ihnen eingenommen haben. Sie ist seine Mutter – die Mutter des Messias!

Er selber sprach unter dem Kreuz zu Maria und Johannes: »Siehe dein Sohn – siehe, deine Mutter.« Und so spricht er auch heute noch zu uns: »Siehe, deine Mutter!«

Bin ich eine »echte« Katholikin?

Ab und zu wird mir die »katholische Kompetenz« abgesprochen, da ich ja nicht immer katholisch war. Damit habe ich eigentlich keine Probleme, denn ich bin Menschen, die mir mit ehrlichen Zweifeln begegnen, auch dankbar. Sie tragen dazu bei, dass ich mich mit Jesus Christus und seinem Weg vertieft auseinandersetze.

Ja, ich bin nun wirklich keine »katholische Traumtochter«. Aber ich erlebe eine mütterliche Hand, die mich hilfreich und segnend führt. Dass mir Maria so wahrhaft begegnet, ist ein großes Geschenk.

Mein Weg wird je länger je mehr »marianisch« und so gesehen auch »katholischer«. In diesen vergangenen Jahren erlebte ich die römisch-katholische Kirche tiefer und ließ mich davon auch prägen und verändern. Das Geheimnisvolle und Mystische macht etwas mit mir. Wie die Lunge mit ihren zwei Flügeln, so empfinde ich die beiden Konfessionen in meinem Inneren: gleich stark und ebenso wichtig.

Als ehemalige reformierte Christin hatte ich mich stark mit der Marienfrömmigkeit und der Heiligenverehrung auseinanderzusetzen. Dies alles war mir fremd. Reformierte pflegen manchmal das Vorurteil, dass Katholisch-Gläubige Maria anbeten. Weit gefehlt! Es dauerte auch bei mir einige Zeit, bis ich die Zusammenhänge sah und erkannte, dass in der katholischen Kirche alles ein wenig »höher« und »heiliger« verehrt wird.

Dass ich zunehmend katholischer werde, sorgt im Kreis meiner früheren Freundschaften und Familienangehörigen natürlich auch für Irritation. Meine Liebe zu Maria, der Gottesmutter, wächst ins Unermessliche, ja, ich stelle fest, dass mir die Weihe an das Unbefleckte Herz Mariens ein drängendes Anliegen ist. Warum? Wozu? Ich nehme in mir wahr, dass dies zu einer Reinigung führt. Altes fällt von mir ab, so wie ich alte Kleider abstreifen würde. Etwas in mir drin wird dadurch hell und klar.

Ich probiere aus, wie es sich anfühlt, wenn ich katholische Dogmen und Lehrmeinungen, welchen ich bislang immer mit viel Skepsis begegnet bin und die ich kritisch hinterfragt habe, einfach mal annehme und in mich aufnehme. Was geschieht? Ich fühle mich befreit, entlastet. Eine neue Freiheit und ein tiefes Vertrauen winken mir zu. Vielleicht, weil ich in Einfachheit glauben darf? Es als Geheimnis annehmen und stehen lassen kann, weil ich nicht zu allem eine Meinung haben muss, sondern das Mysterium annehmen kann als für mich unverständlich und trotzdem göttlich wahr? Dieses Geheimnisvolle und Mystische erlebe ich als starke innere Wirklichkeit, als wahr und gegenwärtig.

Mir hilft es, die kirchlichen Dogmen und liturgischen Abläufe zu kennen, zu verstehen und richtig einzuordnen, damit meine Handlung »gefüllt« ist: Ich mache nicht einfach eine

Kniebeuge vor dem Allerheiligsten, sondern ich beuge mich vor meinem König und Herrn; ich nehme die Hostie bei der Kommunion als meinen Heiland und Erlöser entgegen. Ich bekreuzige mich mit dem Weihwasser, weil es durch die Handlung des Priesters ein Heiliges Zeichen geworden ist und nicht bloß Trinkwasser; obwohl ich sagen möchte, dass es uns zur Ehre gereichen würde, wenn wir das Trinkwasser auch ein wenig heiliger betrachten und achtsamer verwenden würden.

Die Heiligen dürfen wir um Gebet und Fürbitte angehen, weil wir alle – die Lebenden und die Toten – verbunden bleiben, denn Gott ist ein Gott der Lebenden. Die Verstorbenen sind uns nur vorausgegangen. So dürfen wir also Menschen, welche während ihres irdischen Lebens offensichtlich in einer nahen Verbindung zu Christus lebten, um ihr Gebet bitten.

In mir ist mit der Sichtweise, dass wir alle in Verbindung weiterleben, viel Heilendes geschehen. Gott ist ein Gott der Lebenden, das heißt, er will den Tod nicht. Er selber ist das Leben. Wer vorausgegangen ist, lebt an einem anderen Ort in seiner Gegenwart geborgen. Und der Tag wird kommen, wo wir, wiedervereint, als geladene Gäste an seinem himmlischen Hochzeitsmahl teilnehmen werden. Halleluja! Keine Tränen, kein Geschrei, keine Not wird mehr sein! Amen. Komm, Herr Jesus, Maranatha!

Gescheiterte Bekehrungsversuche

Ich erinnere mich an eine junge Frau. Ich war damals etwa 16 Jahre alt und in meiner »coolen« Phase des Kiffens und Weltverbesserns. Wir hängen am Bahnhof rum, pöbeln Passantinnen und Passanten an. Da kommt sie auf mich zu und setzt sich neben mich; sie erzählt mir von Jesus Christus, spricht von Bekehrung. Ich mache mich über ihre Worte lustig, provoziere sie und wimmle sie erfolgreich ab! Völlig entnervt verabschiedet sie sich mit den Worten: »Bei dir sind Hopfen und Malz verloren!«

Nachträglich berührt es mich, dass sie sich die Zeit genommen hat, sich zu mir zu setzen und mich anzusprechen. Vermutlich hat sie trotz meiner heftigen Abwehrreaktion für mich gebetet. Gott erhört unsere Gebete!

Oder eine verheiratete Frau, die mir Broschüren und christliche Frauenzeitschriften übergab, mit mir über Bekehrung und deren dringende Notwendigkeit sprach, mich manchmal regelrecht bekniete und unter Druck setzte. Auch wenn ich solches Verhalten fragwürdig finde, hat es mich doch dazu angeleitet, die erwähnten Bibelstellen nachzulesen, mir eigene Gedanken dazu zu machen und mich auf Gottsuche zu begeben.

Schwierig finde ich solche Begegnungen, wenn mir dabei eine »Belehrung« erteilt werden soll und Respektlosigkeit gegenüber meiner eigenen Überzeugung entgegenschlägt. So wie beim freikirchlichen Christen, der mich in meiner Klause besuchte und mir predigte, wie falsch ich lebte und wie irrig die Sicht der römisch-katholischen Kirche sei. Zu Beginn nahm ich ihn ernst, erklärte ihm meine Sichtweise und die Dogmen meiner Kirche. Schnell realisierte ich jedoch, dass er meine Aussagen nur falsch oder überhaupt nicht verstehen wollte. Ich hatte keine Chance. Bei ihm ging es um ein Rechthabenwollen um jeden Preis. Also bat ich ihn, mein Haus zu verlassen. Er antwortete mir: »Ah! Jetzt wird sie in ihrer Überzeugung unsicher, deshalb will sie mich loswerden!« Ich erklärte ihm, dass er sich in meinem Wohn- und Schlafraum befände, ich seine Art und Weise, mit mir zu sprechen, als anmaßend, ja frech empfände und er sich doch bitte überlegen solle, wie es auf ihn wirken würde, wenn ich ungefragt in seiner Wohnung seinen Glauben verteufeln würde. Seine Antwort? Er sehe, wie sich jetzt »der böse Geist in mir manifestieren« würde!

Menschen, die andere zu ihrem Glauben bekehren wollen, sind nicht nur in den evangelischen Freikirchen anzutreffen. Als ich neu zur katholischen Kirche konvertiert war, wurde ich immer wieder von »echten« Katholiken belehrt, wie genau ich meine Marienfrömmigkeit zu leben hätte. Ich bin der Heiligen Gottesmutter äußerst dankbar, dass sie sich selber um uns kümmert, damit wir sie kennenlernen und ihre vollkommene und heilende Mutterliebe erfahren.

Je länger ich mit Christus unterwegs bin, desto mehr fühle ich mich von Gesetzen befreit. Dafür ist der Respekt vor dem Gewissen und dem Empfinden – dem Geheimnis – meiner Mitmenschen gewachsen. Nicht die buchstabengetreue Befolgung von Dogmen und Geboten, sondern das Reiben daran und die Auseinandersetzung damit läutert das Gewissen und führt es zur Reife.

Was kann die Kirche den Menschen heute geben?

Mich beschäftigt die Frage, wie die Kirche auf die Bedürfnisse der modernen Gesellschaft besser reagieren kann. Ich beobachte, denke nach, bete. Immer mehr sehe ich die Aufgabe der Kirche und der Berufenen darin, das Gewissen der Gläubigen, der

Menschen im Allgemeinen entfalten zu helfen. Nicht bloß Vorschriften, die für alle gültig sind, sollen vermittelt werden, sondern Antworten auf die Frage: »Was glaube ich selbst in der Tiefe?«

Die Kirche soll die Gläubigen anleiten, ihr Innerstes zu erforschen und zu bilden. Dabei geht es weder um die buchstabengetreue Befolgung von Dogmen noch um das Rauspicken von einzelnen Rosinen, aus denen ich mir meine eigene Religion zusammenschustere.

Glaube hat mit Arbeit zu tun, nicht mit Leistung. Gott verteilt keine Schulnoten. Ich muss bei Gott nicht »Glaubensergebnisse« im Sinne von guten Taten und Almosen usw. abliefern. Die Glaubensarbeit, von der ich hier spreche, ist die ehrliche und tiefe Auseinandersetzung mit dem Wort Gottes und den Lehrmeinungen der Kirche. Da, wo ich mich echt und zutiefst auseinandergesetzt, hineingelesen und darüber nachgedacht und gebetet habe, kann ich spüren und erfahren, was ich selbst wirklich dazu meine und glaube. Aufgrund dieses Verstehens beginne ich in der Tiefe zu vertrauen und muss keine Leere oder Hölle fürchten. Ich darf wissen, dass ich nach bestem Wissen und Gewissen gelesen und nachgedacht habe und zunehmend in diesem Sinne mein Leben gestalte.

Wenn ich einst vor Gott meinem Schöpfer Rechenschaft über mein Leben ablege, stehe ich da, so wie ich bin, mit meinem Charakter, der Persönlichkeit, mit all meinen Mängeln und Fehlern, mit Begabungen und Talenten, mit Tagen, an denen ich richtig handelte, Stunden, in denen wohl alles falsch lief und ich Dunkles tat oder dachte.

Wenn ich meine Kinder liebe, spreche ich mit ihnen über ihre Schwächen, Sünden und Fehler. Ich will, dass ihr Leben ein gesegnetes sei, und so erzähle ich von den Geboten des Segens, ohne sie für die Dinge zu verurteilen, welche sie aus Unwissenheit und Irrtum taten. Genau das tut unser väterlich-mütterlicher Gott mit uns. Er ermahnt und ermutigt uns.

Die Dogmen der Kirche sind aus Gebet, Nachdenken, Erleuchtung und Erkenntnissen entstanden. Sie sind »tiefe Weisheit«. Wir sollen sie nicht umstoßen, sondern uns daran reiben und uns umformen lassen. Ich erkenne sie als von Gott gegeben und lasse mich durch sie verwandeln.

Jeder Mensch ist ein Geheimnis

Das Keuschheitsgelübde, das wir Einsiedlerinnen, Eremiten und Ordensleute ablegen, greift weiter, als dass es sich »nur« auf die körperliche Enthaltsamkeit bezöge. Das Geheimnis des andern Menschen zu wahren ist auch Keuschheit: Jeder Mensch ist ein Geheimnis. Nicht einmal er selbst erkennt sich durch und durch. Vieles liegt im Unbewussten, im Schatten. Nur unser Schöpfer kennt uns zutiefst. Diese Erkenntnis behält mich bei mir selbst; ich weiß, dass ich nicht einmal mich selbst wirklich erkenne und sich in meinem Inneren oft genug Erschreckendes verbirgt – wie soll ich dann einen anderen Menschen erkennen und beurteilen können? Es hält mich davon ab zu meinen, ich wisse, wie der andere »tickt«.

Demütig kann ich solches Verhalten sein lassen. Das heißt nicht, dass ich nicht Charaktereigenschaften, Muster und Mechanismen im seelsorgerlichen Gespräch erkennen und auch ansprechen darf, aber nur mit der geforderten Demut, Sanftmut und Zurückhaltung, immer im Wissen, dass ich mich täuschen kann und dass ich mein Gegenüber nicht verletzen und erniedrigen soll.

Es fällt mir auf, dass es Menschen gibt, die ständig andere »benoten«: »Sie ist eine ganz Liebe«, »er ist ein Guter ...« Ich frage mich jeweils, ob »lieb« und »gut« in den Aussagen dieser Menschen eventuell bedeuten könnte: Er oder sie macht, was der Benotende will, und das auch noch ohne Widerworte. Ich persönlich kann nicht viel damit anfangen, wenn mir jemand sagt, ich sei »lieb« oder »gut«; Jesus sagt: »Nur einer ist gut, nämlich Gott.« Also können wir Menschen nicht wirklich Gute und Liebe sein.

Der Mensch – ein Geheimnis. Mir fällt die Bibelstelle vom Samenkorn ein, das in die Erde fallen muss, um zu sterben. Denn nur, wenn es stirbt, ersteht es zu neuem Leben. Der Same ist klein und unscheinbar, er wächst zu einer stattlichen Pflanze heran. Unser irdischer Leib ist der Same, der in die Erde gegeben wird. Das ewige Leben wächst hinüber in das jenseitige Reich; wir entfalten uns in Gottes Gegenwart hin zur Vollendung unserer Person in der Liebe.

In Gott vertrauen

Wenn Menschen Schweres erleben, ein oder mehrere Familienangehörige verlieren, den Schmerz kaum mehr ertragen, kommt früher oder später die Frage: »Warum lässt Gott das zu? Warum werde ich so sehr geschlagen von ihm?« Darauf habe ich keine Antwort, aber ich weiß, dass Gott ganz sicher mit den Zurückgelassenen durch Schmerz, Fragen und Zweifel geht. Er lässt uns nicht im Stich!

Wir dürfen ihm vertrauen, dass er jede, wirklich jede Situation, die wir erleben, zu unserem Besten führen und verwandeln, läutern und verklären wird. Uns fordert er nur dazu auf, ihm zu vertrauen, wie ein Kind seinen Eltern vertraut. Wenn ich mir vorstelle, wie groß die Abhängigkeit der Kleinkinder ist und ihr Vertrauen in ihre Väter und Mütter, gibt mir das eine Vorstellung davon, wie sehr er sich um ums kümmert und dass wir uns nicht mit Fragen quälen müssen, auf die es hier in der Welt für uns Menschen keine Antwort gibt. An ihn und daran zu glauben, dass er der wahrhaft gute und barmherzige Gott ist, reicht.

Warum lässt Gott das zu?

Zweifel zuzulassen scheint mir wichtig; wir reiben uns damit an unserem Bild, das wir von ihm haben, an Dogmen der verschiedenen Konfessionen und der Bibel – das führt uns zu einem reifen Gewissen. Ich bin der festen Überzeugung, dass Gott uns auch allerhand zumutet und in unserem Erdenleben zulässt, um uns zur Reife und Vollendung zu führen. Dadurch finden wir überhaupt erst den Zugang zu unserem persönlichen Gewissen.

Das macht den Unterschied, verglichen mit fanatischen, engherzigen, engstirnigen Gläubigen, egal welcher Couleur, welcher Konfession oder Religion. Wer sich einem Dogma, einem Buchstaben verpflichtet, ohne zu prüfen und darüber nachzudenken, wird engherzig und schließt andere aus.

Ich wurde gebeten, zum fünfzigsten Geburtstag einer Frau eine Segensfeier zu gestalten. Im Vorfeld wurde mir durch ihre Schwester einiges aus ihrem Leben erzählt. Die Jubilarin hatte ein unglaublich schweres Leben, gezeichnet von Schicksalsschlägen und einer Krankheit, die sehr belastend ist. Ihre Schwester erzählte mir, wie hilfsbereit und liebevoll diese Frau trotzdem sei. Es beeindruckt mich zutiefst, wie mutig, tapfer, demütig und bescheiden ein solches Leben angenommen, akzeptiert und gelebt wird! Wie viel kann Gott durch ein solches Leben tun! Wie viel Liebe kann er in die Welt hineinfließen lassen. Dass ich einige Worte an sie richten durfte und wir in der Kapelle ihren Geburtstag feiern konnten, hat mich sehr berührt, geehrt und mit Freude erfüllt.

Warum Angehörige leiden

Eine meiner Töchter gerät in eine Arbeitssituation, die sie zunehmend als ein gegen sie gerichtetes Mobbing empfindet. Sie fällt in eine Depression, erkrankt in ihrer Seele. Gemeinsam beten wir, bitten Gott um Hilfe und Erkenntnis des rechten Handelns gegenüber dem Arbeitsteam und in ihrem Leben ganz allgemein. Sie begibt sich regelmäßig zu einer Psychotherapeutin, um ihren seelischen Zustand und wie es so weit kommen konnte zu überdenken. Auch wir beide sprechen oft über ihren Gesundheitszustand und bringen alles vor Gott.

Mein Beitrag sind das Gebet, das seelsorgerliche Gespräch und die geistliche Begleitung auf ihrem Weg näher zu Christus. Auch ich erlebe zutiefst, wie schwer solches für Eltern zu ertragen ist: ein Kind, das erkrankt, den Lebenstritt nicht mehr findet, immer wieder Momente des Abgrundes, des Nicht-mehr-weiter-Wissens und -Sehens.

Ich versuche meine Tochter damit zu ermutigen, dass Christus sie nicht im Stich lässt und ihr seine Hilfe zukommen lassen wird. Nach den Gesprächen fühlt sie sich, wie sie rückmeldet, wieder gestärkt und zuversichtlich. Das dauert einige Tage, dann beginnt der Teufelskreis von vorne.

Ihn leiden zu sehen und so wenig dagegen tun zu können – wie schwer ist das für alle Angehörigen und Freunde eines geliebten Menschen. Dieses dunkle Loch, von dem meine Tochter regelrecht verschluckt wurde, das Versinken in Mutlosigkeit und Resignation, die aufgrund von Appetitmangel und Schlaflosigkeit schwindende Körperkraft sind zum Verzweifeln.

Ich erfahre, wie sehr wir Mütter und Väter Eltern bleiben, solange wir leben: auch wenn die Kinder erwachsen sind. Wir fühlen uns mit ihnen tief verbunden, und sie bleiben unsere »Babys«. Wir leiden mit ihnen und fühlen uns doch so oft ohnmächtig und hilflos. Eine große Herausforderung ist es zu erkennen, wo ich als Mutter Hilfe leisten darf und soll und wo es nicht angebracht ist. Meine Tochter ist erwachsen, unabhängig und selbstständig, ich will sie nicht in eine ungesunde Abhängigkeit hineinführen, sondern dahin, dass sie gesund und stark wieder in ihr eigenes Leben hineinfindet.

Ich wende mich Gott zu und flehe ihn an, dass es nicht mehr auszuhalten sei. Für meine Tochter schon lange nicht mehr, für mich als Mutter jetzt auch nicht mehr. Er möge doch bitte eingreifen, und zwar jetzt, denn er spricht uns zu in seinem Wort, dass er niemanden über seine Kraft prüfe.

Warum lässt Gott dieses Leid zu? Warum diese Not? Die sogenannte Theodizee-Frage: »Warum lässt Gott Leiden zu?« Ich weiß es nicht und denke, dass es hier in unserem Erdenleben keine Antwort darauf gibt. Aber was ich weiß und erfahre, ist, dass Gott mit uns durch jedes Leiden hindurchgeht. Er, der am Kreuz sein Leben gelassen hat, lehrt uns mit dem Zulassen dieses Geschehens, dass gerade in unserer Ohnmacht, in der Not, im Leiden, der Qual, der Angst, dem Empfinden von Gottverlassenheit, in unserer menschlichen Zerbrechlichkeit und Schwäche Gott mächtig handelt und neues Leben, einen neuen Anfang schenkt.

Wie im Galaterbrief geschrieben steht: »Lass dir an meiner Gnade genügen, denn meine Kraft ist in den Schwachen mächtig.« (Gal 2,20) Dort, wo ich mir meiner Ohnmacht bewusst bin, sie Gott hinhalte und ihn wirken lasse, werde ich erfahren, dass »denen, die Gott lieben, alle Dinge zum Besten dienen« (Röm 8,28). Sei es mein großer Schmerz, sei es ein Verlust durch Tod oder Verlassenwerden, geschäftlicher Konkurs, Krankheit – er lässt uns nicht im Stich. Er lässt uns nicht allein, wir erfahren seine Fürsorge und Barmherzigkeit, seine große und überflie-

ßende Liebe. So, wie Christus es uns am Kreuz vorgelebt hat –
sich hingeben, die Gefühle zulassen, den Zweifel an Gott und
den Schmerz hinausschreien, die Angst in Worte fassen: und die
Auferstehung, den Neubeginn, das neue Leben erwarten und
erfahren.

»Zum Besten dienen« will nicht heißen, dass das, was mir
widerfahren ist, von Gott gutgeheißen wird – aber er führt und
leitet mich dorthin, wo ich daran wachse und nicht zerbreche.
Er gibt mir während des ganzen Weges die nötige Kraft und
Stärke – und manchmal im tiefsten Schmerz eine noch viel tie-
fere Freude, die nicht in Worte zu fassen, nicht zu erklären ist.
Dort wird Begegnung mit dem Göttlichen, mit Gott selber
möglich. Dort ist er und erwartet uns, wie der Vater den verlo-
renen Sohn erwartete und bei dessen Heimkehr ein großes Fest
veranstaltet hat – ohne zu richten, zu verurteilen, zu hadern: nur
große Wiedersehensfreude!

Dass Gott auch in Not und Elend bei uns bleibt, ist oft nicht
spürbar. Trotzdem ist er da. Ich denke daran, wie Jesus am Kreuz
laut gerufen hat: »Mein Gott, mein Gott, warum hast du mich
verlassen!?« Er ist auch durch diese tiefe und beängstigende Erfahrung der Gottverlassenheit hindurchgegangen; so ist mir in
Tagen der Angst und Not bewusst geworden, dass ich auch darin
nicht allein gelassen bin: Er selbst ist diesen Weg gegangen. Er
hat ihn für mich geebnet, ich kann von seinem Gehen lernen,
mich von ihm durch meine Gottverlassenheit hindurch tragen
lassen – in der christlichen Hoffnung und Zuversicht. Er wird
Veränderung schaffen, zum Besten hin! Das Beste? Ihn zu kennen, den Gott der wahrhaftigen Liebe und Barmherzigkeit; diese

Liebe und Barmherzigkeit zu empfangen und weiterzugeben an unsere Mitmenschen und zu erleben, wie er mein Leben zu Fülle und Erfüllung führt, mir meine tiefsten Wünsche erfüllt! Das ist das Größte.

»Alles hat seine Zeit. Für jedes Geschehen unter dem Himmel gibt es eine bestimmte Zeit: eine Zeit zum Gebären und eine Zeit zum Sterben, eine Zeit zum Pflanzen und eine Zeit zum Abernten der Pflanzen, eine Zeit zum Töten und eine Zeit zum Heilen, eine Zeit zum Niederreißen und eine Zeit zum Bauen, eine Zeit zum Weinen und eine Zeit zum Lachen, eine Zeit für die Klage und eine Zeit für den Tanz; eine Zeit zum Steinewerfen und eine Zeit zum Steinesammeln, eine Zeit zum Umarmen und eine Zeit, die Umarmung zu lösen, eine Zeit zum Suchen und eine Zeit zum Verlieren, eine Zeit zum Behalten und eine Zeit zum Wegwerfen, eine Zeit zum Zerreißen und eine Zeit zum Zusammennähen, eine Zeit zum Lieben und eine Zeit zum Hassen, eine Zeit für den Krieg und eine Zeit für den Frieden.« (Pred 3,1–8)

Sehnsucht nach Seelsorge

Es gibt viele Menschen, die in die Einsiedelei kommen, weil sie Rat suchen und jemanden brauchen, der ihnen in ihrer Not zuhört und für sie betet. Oft sind es auch Menschen, die keinen Zugang mehr zur Institution Kirche finden. Und doch wünschen sie sich ein seelsorgerliches Gespräch mit einer christlichen oder kirchlichen Person – eines auf Augenhöhe.

Jemand zieht an meiner Klingelschnur und die Glöckchen schellen scheppernd; ich gehe zur Tür, öffne und erblicke eine

Frau um die vierzig. Sie begrüßt mich, stellt sich mit Namen vor und bittet mich um einen Augenblick Zeit, sie möchte mit mir sprechen, denn kürzlich sei ihr lieber Mann verstorben und sie komme damit nicht klar. Sie weint.

Ich bitte sie herein, wir setzen uns hin und ich höre zu. Die Krankheit des Ehepartners, die vielen durchwachten Nächte, die an ihrer Kraft zehrten, die Veränderung der Persönlichkeit ihres Mannes. Sie erzählt von einer warmherzigen und erfüllten Ehe, von gemeinsamen Kindern, die alle im Ausland leben. Sie fürchtet sich vor der Einsamkeit, die sie kaum aushält. Ich höre zu, frage nach, beobachte, lausche zwischen den Zeilen. Ich fühle, wie schwer die Einsamkeit wiegt, der Verlust, das ständige Alleinsein. Ihre Verzweiflung tritt zu Tage, sie schluchzt. Ich nehme sie in die Arme, wir halten uns schweigend; so oft sind Berührungen, ein Gehalten-Sein, tröstlicher als tausend Worte.

Ich biete ihr eine Tasse Tee an. Sie wirkt nun gefasst. Sie äußert den Wunsch, eine Aufgabe zu übernehmen. Mich freut es, dass sie Zukunftspläne zum Ausdruck bringt, das kann ein Zeichen von Zuversicht sein. Für eine Festanstellung in ihrem Beruf fühlt sie sich noch nicht stark genug, weiß nicht, ob sie überhaupt in ihren erlernten Beruf zurückkehren will. Wir sprechen darüber, wie sehr ehrenamtliche Mitarbeiterinnen in Pflegeheimen geschätzt werden oder ein Engagement in der Kirchgemeinde dankbar angenommen wird; überall fehlt es an Freiwilligen und Helfenden. Sie will sich bei entsprechenden Stellen erkundigen. Sie bedankt sich für das Gespräch. Wir verabschieden uns, sie fragt, ob sie wiederkommen dürfe. Keine Frage!

Ein paar Tage später realisiere ich während des Mittagsgebets, dass ein Mann die Kapelle betritt und weint. Ich gehe anschließend auf ihn zu und frage, ob ich etwas für ihn tun könne. Er weint haltlos – sein Sohn, dessen Frau und die beiden Kinder sind bei einem Unfall ums Leben gekommen. Ich lege meinen Arm um ihn, er krallt sich an mir fest, auch mir steigen die Tränen in die Augen.

Nach einer Weile setzen wir uns. Ich höre einfach zu. Wie soll ich für eine so schreckliche Tragödie Worte finden? Es gibt nichts zu sagen, Worte können in solch einer Situation nicht wirklich trösten, nicht helfen, nicht heilen. Wir halten einander an den Händen, es ist, als ob er die tröstende Hand der Mutter suchte. Er fragt, ob er wieder vorbeikommen dürfe. Ich überreiche ihm eine Verena-Kerze mit dem Vorschlag, sie im Gedenken an die Verstorbenen anzuzünden. Er fragt, wann er das tun solle, ich antworte: »Wenn es für Sie ganz besonders schwer wird«.

Als einen innigen Segen erlebe ich in der katholischen Kirche die Gebete für die Verstorbenen. Die Trauernden empfinden darin den Trost, doch noch etwas für sie tun zu können. Sie fühlen sich weniger verlassen und wissen sich mit den Vorausgegangenen verbunden. Denn Gott ist ein Gott der Lebenden und der Toten. Wir glauben an ein ewiges Leben in ihm.

Gerne gebe ich diese Ressource der katholischen Kirche weiter und erlebe immer wieder, dass auch evangelische Christinnen und Christen oder Menschen, die einer anderen Religion angehören, sie gerne annehmen und umsetzen.

Einige Tage später kommt der Mann wieder in die Kapelle, diesmal während des Vespergebetes. Er möchte eine weitere

Verena-Kerze kaufen, denn das Anzünden der Kerze helfe ihm, den Schmerz über den großen Verlust wenigsten ein bisschen besser zu ertragen. Ich verspreche ihm, weiter für ihn und seine Angehörigen zu beten.

Ich kehre in die Klause zurück, um die eingegangene Post durchzusehen. Jeden Tag erreichen mich zahlreiche Briefe und E-Mails mit Anliegen und Fragen. Nach einem kurzen Lob- und Dankgebet öffne ich die Briefe. Eine Frau bedankt sich für meine Hilfe, sie schreibt, sie sei vor einiger Zeit hier gewesen und habe mit mir über die Erziehungsprobleme und Schwierigkeiten mit ihrem Sohn gesprochen, die sie überforderten. Eine andere Frau bittet mich um das Gebet für ihre Enkelin. Ein Mann bittet um eine Erklärung, weshalb ich die Gebete nicht zum Mitsingen gestalte. Ein langer Brief mit einem seelsorgerlichen Anliegen ist das letzte Schreiben am heutigen Tag. Ich lege Briefpapier für meine Antworten bereit…

Bei den zahlreichen Anliegen, die täglich zu mir in die Schlucht getragen werden, erkenne ich insbesondere in Notsituationen den tiefen Wunsch der Menschen nach einem spirituellen Weg – dem ureigenen, ursprünglich gemeinten Pfad zum Göttlichen hin. Eine aufrichtige Suche nach dem eigenen Herzen, dem Wohnsitz des Heiligen Geistes, welcher der Geist der Liebe ist.

Wenn Versöhnung nicht gelingen will

Als Christin bin ich aufgefordert zu verzeihen. Petrus fragt Jesus: »Herr, wie oft muss ich vergeben? Siebenmal?« Siebenmal ist die Symbolzahl für »oft« und »immer wieder«. Jesus antwortet: »Siebzigmal siebenmal sollst du verzeihen.« (Mt 18,21 f.)

Was bedeutet das? Jesus möchte uns damit wohl sagen: Wir können nicht oft genug verzeihen. Denn im Umgang miteinander geschehen ständig Verletzungen. Eine verzeihende Grundhaltung ermöglicht es uns, den Menschen zu vertrauen. Es ist eine »mütterliche« oder »väterliche« Haltung, mit der wir über vielem stehen können. Wenn mich jemand beleidigt oder verletzt, denke ich darüber nach, bewege vor Gott, was mir wehtut, mich verunsichert. Oft kann ich dann das Ganze in Gottes Hände legen und im Meer des Vergessens versinken lassen. So kann ich vergeben und auch Menschen wieder begegnen, die mich verletzt oder beleidigt haben.

Manchmal spüre ich, dass ich über das Vorgefallene sprechen muss. Ich muss Worte finden, um meiner Betroffenheit, dem Schmerz oder Ärger, Ausdruck zu verleihen. Man darf spüren, dass ich verstimmt, traurig oder stinksauer bin. Das sind meine Gefühle, dazu stehe ich. Dadurch zeige ich mich menschlich und persönlich. Das Ziel sind die Klärung des Konflikts, der konstruktive Austausch und das Verständnis für mein Gegenüber. Dabei respektiere ich die Gefühle des anderen.

Wie schön, wenn sich jemand bereit erklärt, über das Vorgefallene zu sprechen, und sich auch um Verständnis bemüht! So lernen wir einander ein Stück besser kennen und verstehen. So können Beziehung und Zusammenarbeit gelingen. Nur begegnen wir leider auch Leuten, die sich einem konstruktiven, klärenden Gespräch verweigern. Für sie ist der Fall klar: Der andere ist schuld, Punkt! Was sollte da noch groß besprochen werden?

Jesus spricht mit seinen Jüngern über ihre Aussendung. Er erklärt ihnen, wie sie sich verhalten sollen. Er instruiert sie so, dass sie – falls sie an einem Ort nicht willkommen geheißen werden und die Frohbotschaft vom barmherzigen Gott nicht angehört wird – weggehen und »den Staub von den Füßen schütteln« sollen, ohne noch einmal zurückzuschauen.

Wenn jemand nicht bereit ist, Unverstandenes zu klären, sollen wir es also sein lassen und weitergehen. Wenn sich jemand der Versöhnung verweigert und das Wagnis eines Neuanfangs verschmäht, dann müssen wir das respektieren. Der barmherzige Gott will auch unsere Barmherzigkeit. Und »barmherzig sein« heißt, den andern so zu akzeptieren, wie er ist. Auch dort, wo er sich einem Gespräch verweigert.

Ich muss mich aber nicht »knechten« oder manipulieren lassen: »Zur Freiheit seid ihr befreit«, so spricht Christus. In dieser Freiheit darf ich dem »Gesprächsverweigerer« verzeihen und akzeptieren, dass er – aus welchem Grund auch immer – im Moment oder vielleicht für immer nicht bereit sein kann oder will, sich auf mich einzulassen. Vielleicht geht es ihm darum, Macht und Kontrolle zu behalten, oder ich bin ihm einfach nicht wichtig genug oder er fürchtet sich vor einer Aussprache. In diesem Sinn schüttle ich den Staub von meinen Füßen, lasse das so stehen, dränge nicht. Ich bin nun nicht mehr verpflichtet, weitere Versuche zu unternehmen. In meinem Inneren dürfen Friede und Versöhnung werden, diesen Menschen kann ich ziehen lassen, und ich gehe meiner Wege.

Gibt es Engel?

Die Bibel beschreibt eine himmlische Hierarchie von Himmelsboten mit unterschiedlichen Aufgaben. Die Erzengel beispielsweise: Michael, Gabriel und Raffael.

Mir gefällt die biblische Stelle am besten, in der geschrieben steht, die Engel der Kleinen und Unbedeutenden hätten Tag und Nacht Zugang zum Thron Gottes. Die Engel der Menschen, welche in der Welt Stand und Ansehen haben, erhalten von Gott die Anweisung, den Engeln der in der Welt kleinen, unbedeutenden Menschen den Vortritt zu lassen.

Jesus spricht in den Evangelien immer wieder davon, dass im Reich Gottes andere Werte herrschen als in unserer Welt. Die Bedeutung eines Menschen wird nicht an Stellung und Reichtum gemessen, vielmehr am Vertrauen und Glauben im Herzen. So leuchtet es ein, dass die Engel mit den Anliegen und Nöten der Kleinen ständigen Zugang zu ihm haben.

Für mich ist klar, dass es Engel gibt, weil die Heilige Schrift ganz selbstverständlich von den Himmelsboten und himmlischen Wesen spricht. Oft genug ist auch ihr Aussehen beschrieben, wie beispielsweise, dass sie viele Augen hätten, Räder, Flügel usw. Die Engel gelten als eigenständige Wesen, welche den Thronsaal unseres Gottes bevölkern, ihm Lob darbringen und ohne Unterlass »heilig, heilig, heilig« rufen, singen, sprechen. In der Bibel lesen wir aber auch: »Da trat der Engel des Herrn zu ihnen …«; bei dieser Formulierung dürfen wir davon ausgehen, dass Gott selber in Engelsgestalt dem Menschen begegnet.

In meinem persönlichen Leben begegnen mir manchmal Menschen als Engel. Ein Mensch hinterlässt in mir das Gefühl, ich sei einem Himmelsboten begegnet. Eine andere Person hat in mein Leben hineingesprochen, etwas vom Himmel her »ausgerichtet«, mich – oft ganz unbewusst – gestärkt und ermutigt in einer Situation, in der Hilfe dringend nötig war.

Ich erinnere mich an Momente, in denen ich zu jemandem etwas sagen wollte und von unsichtbarer Hand zurückgehalten wurde. Da dachte ich auch an einen Engel, der mich vor einem Fehler oder einem Wort zu viel bewahrt hat.

Einmal, da war es mir, als ob jemand einen Vorhang wegzöge: Ich sah die Menschen, die in diesem Moment auf der Straße umhergingen. Einige wurden von einer oder mehreren schwarzen Gestalten »begleitet«, die sich an deren Schulter, am Rücken oder am Arm festhielten. Da ging mir auf, dass es auch andere »Engel« gibt, solche, die nicht zum Guten bestellt sind, sondern uns in die Irre führen und schaden möchten. Mir ging der Gedanke durch Kopf und Herz, dass wir mit »Bösem«, das wir in unserem Leben zulassen, solchen dunklen Gestalten das Recht geben, sich an uns »festzuhalten«. Ich begann zu begreifen, wie wichtig es ist, sich nach der Reinheit des Herzens »auszustrecken«, um befreit zu werden und frei zu bleiben.

»Die reinen Herzens sind, werden Gott schauen«, so lesen wir in der Bergpredigt (Mt 5,8). Ein reiner Mensch ist nach biblischem Verständnis ein demütiger Mensch, der sich vertrauensvoll dem Wirken Gottes öffnet.

»Halleluja! Danket dem Herrn, denn er ist freundlich, und seine Güte währt ewiglich« (Ps 106,1); darauf dürfen wir, ja *sollen* wir vertrauen – kindlich, schlicht, mit geöffnetem Herzen. Die Engel Gottes mögen uns dabei führen, leiten und mit Weisheit beschenken.

Kinder und Spiritualität

Es ist Mittwoch und die Schulklassen erscheinen im Stunden-
takt bei der Einsiedlerin: Erstkommunionskinder, Firmlinge,
Konfirmationsklassen … Auf ihrem Stundenplan steht heute:
»Besuch eines spirituellen Ortes« oder so ähnlich. Von manchen
wird ein Kloster in der Stadt besichtigt, andere kommen eben in
die Einsiedelei. Wir »Gottesmänner und -frauen« erzählen den
Kindern gerne von unserem Leben, als Zeichen Gottes in der
Welt. Vielleicht kann ich ihnen etwas auf ihren Weg mitgeben,
ein Same, der einmal in vielen Jahren aufgeht, Zuversicht und
Trost spendet, wenn es auf dem Lebensweg finster wird.

So bemühe ich mich auch heute, jugend- und kindgerecht
von der heiligen Verena, den Kapellen und der Einsiedelei zu
erzählen; auch davon, was meine Aufgabe hier ist, und über
meine Berufung. Kinder beschäftigt die Frage am meisten, ob es
mir nie langweilig sei oder ob ich mich nie einsam und allein
fühle. Daneben stellen sie praktische Fragen wie: Haben Sie
einen Fernseher? Telefon? Strom? Internet? Bekommen Sie
Besuch? Wie halten Sie es mit dem Einkaufen? Ich genieße es
jedes Mal, wie Kinder ohne jegliches Vorurteil an mich herantre-
ten. Wir können uns einfach so begegnen.

Bei meiner Ausbildung als Atemtherapeutin lernte ich auch
einiges über das Sprachzentrum im Gehirn des Menschen. Lernt
er seine Muttersprache und später weitere Sprachen dazu, bildet

das Hirn für jede einzelne Sprache ein neues Zentrum. Lernt er als Kind mehrere Sprachen, bleibt für alle Sprachen EIN Sprachzentrum.

So ähnlich scheint es mir mit der religiösen Erziehung zu sein. Ich höre von Eltern, die ihren Kindern keine Religion zumuten wollen, mit der Begründung, dass »ihr Kind dann später selbst entscheiden kann, was es glauben will«. Das ist eine respektvolle Haltung dem Gewissen des Kindes gegenüber. Oder kaschieren die Eltern mit dieser Begründung die eigene Hilflosigkeit oder Bequemlichkeit?

Wir werden mehr von der Erziehung und dem Elternhaus geprägt, als uns oft lieb ist. So ist es auch mit dem religiösen Leben. Lernt das Kind keine Form der Spiritualität kennen, wird es als erwachsene Person auch eher kirchendistanziert und spirituellen Wegen fern bleiben. Ihm wurde der Zugang nie eröffnet.

Ähnlich wie viele Eltern eine gute Schulbildung für ihren Nachwuchs als wichtig erachten, sollte dem Kind auch eine gute, froh- und freimachende Spiritualität mitgegeben werden. Was das Kind dann daraus macht, sei ihm überlassen. Ich bin überzeugt, dass wir unsere Kinder und Enkel am besten so vor extremen Gruppierungen schützen können, wenn sie bereits in der Kindheit in Religion gebildet werden. Als Eltern tragen wir – so meine Meinung – auch in diesem Bereich die Verantwortung, wenigstens Grundkenntnisse zu vermitteln.

Mir begegnen täglich Menschen in Trauer und Schmerz. Sie finden Trost in ihrem Glauben und der Spiritualität. Deshalb kommen sie hierher: um eine Kerze anzuzünden, diesen heiligen Ort als tröstend zu empfinden, Zuversicht zu tanken usw.

Wie schlimm, wenn das Leben bricht, weil Unverständliches geschieht, Dinge, die über das Fassbare hinausgehen, und wir haben nichts in unserem Herzen, Sinn und Gemüt, das über uns hinausweist! Wie groß müssen da die Verzweiflung, Hilflosigkeit und Ohnmacht sein!

Immer wieder mache ich die Erfahrung, dass viele Kinder für Glaube und Spiritualität sehr offen sind. Wenn ich mit einer Schulklasse in die Martinskapelle eintrete und den Kindern erkläre, dass hier im Tabernakel in der Hostie Gott gegenwärtig sei und wir deshalb leise und respektvoll eintreten, respektieren sie das auf Anhieb. Sie beobachten, sie flüstern, sie betrachten. Schwierig finde ich Lehr- und Pfarrpersonen, die das Gespür für den Ort verloren haben, laut sprechen und nur noch Wissen vermitteln. Es geht bei der Begegnung mit dem Ort, der Kapelle und der Einsiedlerin nicht um eine kunsthistorische Führung oder die korrekte Wiedergabe der Verena-Legende, sondern um ein Empfinden für Spiritualität, um Glauben und den Geist.

Kinder und Jugendliche erfreuen sich in der Regel an den Zeichen, die ich weitergebe und vermittle. Sie nehmen Anteil an der Authentizität unseres Glaubenslebens. Meinem Glauben und dessen Ausdruck misstrauisch oder gar ängstlich gegenüber erlebe ich Kinder, die in einer andern Konfession erzogen werden. Beispielsweise in einer evangelischen Freikirche, die lehrt, dass die römisch-katholische Kirche eine okkulte Lehre vertrete.

Ich lächle ein Kind an und schenke ihm ein Bildchen der Heiligen Verena, das es freudenstrahlend entgegennehmen will. Von Ferne wird es scharf von der Mutter gerufen und zurechtgewiesen. Als ich beim Überqueren des Brückchens an der Familie vorbeigehe, trifft mich ein düsterer Blick, als wäre ich der Ausbund von Teuflischem. Ich frage mich, weshalb man dann die Einsiedelei besucht.

Kleine Kinder wollen immer gerne wissen, wie die Klause innen ausgestattet ist. Meine beiden Pudel sind ideale Brückenbauer, um mit Kleinkindern ins Gespräch zu kommen. Kleinen Besucherinnen und Besuchern möchte ich als freundliche Person in Erinnerung bleiben, damit sie gerne die Einsiedelei besuchen, sich nicht fürchten und sich freuen, in der Schlucht und im Verena-Bach zu spielen. Die Begegnung mit Religion und Spiritualität soll über die Gefühle und das Empfinden eine positive sein.

Auch Eltern und Großeltern können den noch kleinen Kindern ein Vorbild sein, indem sie biblische Geschichten erzählen, mit ihnen beten, ihnen Gebete und Lieder beibringen, respektvoll eine Kirche betreten und sich die Zeit dazu nehmen, dem Kind seine Fragen zu beantworten. In diesem Alter interessiert Kinder, wer dieser Jesus im heiligen Grab ist, der da in der finsteren Gruft liegt – falls sie bei seinem Anblick nicht anfangen zu weinen, was auch ab und zu vorkommt. Besser also, man nimmt sie zu Beginn auf den Arm. Die kleine Statuette der Heiligen Verena will auch begutachtet sein.

Und was natürlich im Kleinkindalter der Dauerbrenner und Hit ist: ein Opferlicht anzuzünden. Am liebsten ganz selbstständig. Vorschulkinder nehmen noch ganz offen die Stimmung, die an einem Ort oder unter Menschen herrscht, auf. Sie spüren, ob wir mit dem Herzen dabei sind oder ob wir uns über den Glauben und die Religiosität von Menschen lustig machen.

Schulkinder stellen begierig Fragen über mein Leben. Sie möchten wissen, wie es ist, allein zu leben. Was ich esse und ob ich immer hierbleibe. Der Mensch steht für sie im Vorder-grund – auch als Vorbild im Glauben. Das ist dann auch eine Chance, die Geschichten über Jesus und das Volk Israel zu vertiefen, eigene Gebete zu formulieren oder neue zu erlernen.

Ich singe gerne mit meiner Enkelin Kirchenlieder. Wenn sie in Stimmung ist, kann das auch mal längere Zeit dauern. Sie hört sehr gespannt und interessiert zu, wenn ich mit ihren Eltern über Glaube, Kirche, Berufung und Spiritualität diskutiere. Sie stellt mir ganz praktische Fragen und macht mich darauf aufmerksam, wenn mein Schleier nicht richtig sitzt. Sie bekommt natürlich und selbstverständlich mit, dass es verschiedene Wege mit Gott gibt. So wie unterschiedliche Berufe erlernt werden können, gibt es auch verschiedene kirchliche Berufungen für unterschiedliche Menschen.

Als ich selbst Kind war, berührte mich immer und immer wieder Jesu Fürsorglichkeit. Er war und blieb eine Gestalt, die mich faszinierte und bewegte. Stundenlang konnte ich meine Bilderbibel betrachten, meinen Heiland inmitten seiner Jüngerschar und der Frauen bestaunen, die seinen Weg teilten und ihn begleiteten. In meiner Kindheit empfand ich seine Gegenwart als ein liebendes Gesicht, das mich liebevoll betrachtet. Daraus wuchs dann auch das Bedürfnis, ihm Blumen darzubringen und für ihn Lieder zu singen. Alles, was irgendwie »heilig« klang, berührte mich, faszinierte mich zutiefst, und ich wollte mehr darüber wissen. Da war ein regelrechter Hunger.

Ich beobachte, dass Kinder in der Kapelle eine tiefe Empfindung erleben. Für diese kleinen Menschen tut es mir leid, dass in der heutigen Gesellschaft so viel »Heiliges« nicht mehr sein darf und der Weg dorthin immer schwieriger wird. Die Empfindung dieser Kinder sehe ich als eine Begabung, vergleichbar mit der Begabung von Kindern, die gut rechnen oder schreiben können. Ich wünschte mir daher für unsere Kinder eine Welt, in der sie auch ihre Sehnsucht nach »Heiligem« und ihre Empfindsamkeit für das Göttliche leben und vertiefen können.

Dank!

Ein großes Dankeschön geht zuallererst an meine Kinder, die den Weg ihrer Mutter von klein auf geteilt und ausgehalten haben. Klaglos haben sie unzählige Gebetszeiten und Andachten mitgemacht – und erstaunlicherweise lieben sie mich noch immer! Wir führen auch heute noch viele Diskussionen über Werte und Glauben, Gott und die Menschen, Aufgaben, Pflichten und Freuden in unserem irdischen Dasein oder darüber, wie wohl das zukünftige sein wird. Mein größtes Geschenk ist, zu sehen, welch wunderbare Menschen sie geworden sind. Habt Dank, ihr vier! Ich bin stolz auf euch, meine Töchter und Söhne!

Ein weiterer Dank geht an meine prächtige Enkelin – sie ist ein Sonnenschein in meinem Leben und eine Unterstützung auf meinem Weg, denn sie legt Wert darauf, dass ich den Schleier und das Kreuz trage; auch sie hat bereits viele Gebete und Kirchgänge mit mir geteilt, Lieder mit mir gesungen und unzählige Kerzen bei der Gottesmutter angezündet.

Danken will ich auch meinen beiden Männern, die mir in der Ehe verbunden waren: Ernst, der mir einen starken Boden gab, und Peter, der einen großen Teil meines Glaubensweges und schließlich auch die Berufungsschritte mit mir gegangen ist und sie mit mir ertragen hat. Ihr habt wichtige Lebensabschnitte mit mir geteilt, wie schön, dass wir auch heute noch freundschaftlich verbunden sind.

Auch meinen Eltern gilt meine Dankbarkeit: den leiblichen, dass sie mich gezeugt und geboren haben; unsere späteren Begegnungen und Gespräche bedeuten mir viel. Den Adoptiveltern bin ich heute zutiefst dankbar, dass sie mich angenommen haben, mir Kleidung und Nahrung gaben, dass sie mir ihre Zeit, Kraft, finanziellen Mittel und vieles andere haben zukommen lassen und dies alles mit mir geteilt haben. Vieles war in unserer gemeinsamen Zeit unverständlich, schwierig und schmerzhaft – für sie und für mich. Aber wir glauben gemeinsam an einen Gott, der über allem die Versöhnung und den Frieden ausspricht. Ich freue mich auf das Wiedersehen in der Ewigkeit.

Meinem Adoptivbruder (die anderen Geschwister habe ich leider nie kennengelernt) sage ich ein »Merci« für sein »Bruder-Sein«. Ich hätte ihn gerne besser, tiefer kennengelernt. Der Altersunterschied von knapp zehn Jahren schafft automatisch eine gewisse Distanz. Aber die Momente der wahrhaftigen Begegnung, die es auch gab, oder die gemeinsamen Kinobesuche in der Jugend sind mir in guter Erinnerung.

Tausendmächtigen Dank den Geschwistern in Christus – sei es von evangelischer oder katholischer Seite! Habt Dank für eure Gebete, Diskussionen, das »mit mir Unterwegs-Sein«, die Gespräche zur Abklärung meiner Berufung, für Barmherzigkeit und Geduld in der Beichte, das Teilen des Glaubens, die gemeinsamen Gebete und das Feiern der Eucharistie als Höchstes und Heiligstes.

Danken will ich auch ganz herzlich den Schwestern der spirituellen Weggemeinschaft, den Benediktinerinnen von Fahr, den Schwestern des Klosters ›Namen Jesu‹ und den Schwestern im

Antoniushaus des ›Seraphischen Liebeswerks‹. Sie haben mich in Zeiten des Suchens und der Bedrängnis unkompliziert, großzügig und liebevoll aufgenommen – eure Freundlichkeit und Anteilnahme an meinem Leben tun mir so wohl. Habt Dank für alles!

Danke euch, liebe Geschwister auf dem eremitischen Weg, für eure Gebete – sie sind mir wichtig und kostbar!

Herzlichen Dank an Pfarrer Rolf Maria Reichle für seine geistliche Begleitung.

Ein besonderer Dank geht an Herrn Weihbischof Martin Gächter für seine Starthilfe beim Entstehen dieses Buches; er, der mich in großem Maß immer wieder unterstützt und ermutigt auf meinem Weg. Ihm und Pater Antony und dem ehemaligen Stadtpfarrer Pater Niklas Raggenbass sei gedankt, dass sie es mir mit ihrem Engagement ermöglichen, hier in der Einsiedelei das Allerheiligste zu hüten – das ist mir die größte Freude! Ein herzliches Dankeschön an unseren Gemeindeleiter Karl-Heinz Scholz für seine Unterstützung und seine warmherzige und humorvolle Wesensart – wie wohltuend!

Bürgergemeindepräsident Sergio Wyniger danke ich von Herzen für die gemeinsamen Schritte, die wir betreffend »Einsiedelei – Reorganisation und Weg in die Zukunft« tun. Lieber Sergio, wir haben uns gerieben und doch wieder voneinander gelernt – und ich finde, es lohnt sich! Ich schätze deine Fähigkeit, dich immer wieder – allen Widerständen zum Trotz – auf meine Denkweise einzulassen und Neues zu wagen.

Besonders herzlich danken möchte ich Theres Fröhlicher, die sich weit über ihr Engagement als Einsiedelei-Kommissionspräsidentin für meine Anliegen einsetzt. Liebe Theres, deine Freundschaft und unsere gemeinsamen Unternehmungen sind mir so köstlich!

Ein großes Merci den Mitgliedern der Einsiedeleikommission und dem Rat der Bürgergemeinde Solothurn für die Entscheidung, eine bewohnte und belebte Einsiedelei auch für die Zukunft zu ermöglichen – und den Mitarbeitenden von Kanzlei und Forstamt BGS für ihre geduldige Unterstützung im Alltag. Dem Vorstand der Einsiedeleigesellschaft sei für die gute Zusammenarbeit gedankt.

Danken will ich auch den Frauen vom Orell Füssli Verlag. Liebe Monika Eginger, den Tag, an dem du mir in der Klause eröffnet hast, dass ihr an einem Buch mit mir interessiert seid, werde ich nie vergessen!

Esther Hürlimann gab dem Geschriebenen Form und Gestalt, Struktur und Verständlichkeit, wenn ich mich mal wieder zu sehr in meiner Geschichte verloren habe. Liebe Esther, du hast mir Mut gemacht und warst mir mehr als einmal ein wegweisendes Leuchtfeuer im Dickicht! Du hast dich auf mich und mein Leben eingelassen und damit maßgeblich dazu beigetragen, dass das Buch »Fleisch« geworden ist. Wie du zunehmend meine Sichtweise und Wesensart verstanden hast während unseres Schreibprozesses, hat mich sehr berührt und beeindruckt! Ich habe viel von dir gelernt! Der Besuch im Verlag, bei dem ich auch die anderen »Verlagsmenschen« von Marketing und Vertrieb kennenlernen durfte, hat mich riesig gefreut!

Ja, bedanken will ich mich auch bei all jenen Menschen aus Solothurn und Umgebung von nah und fern, die mich besuchen und willkommen heißen, mich als Einsiedlerin in der Verena-schlucht ermutigen und stärken. So viel Freundlichkeit und Herzlichkeit, all diese liebevollen Mitbringsel, das tut meiner Seele so wohl! Habt Dank!

Gott, der die Liebe ist und uns mit Barmherzigkeit begegnet – IHM sei Lob und Dank!